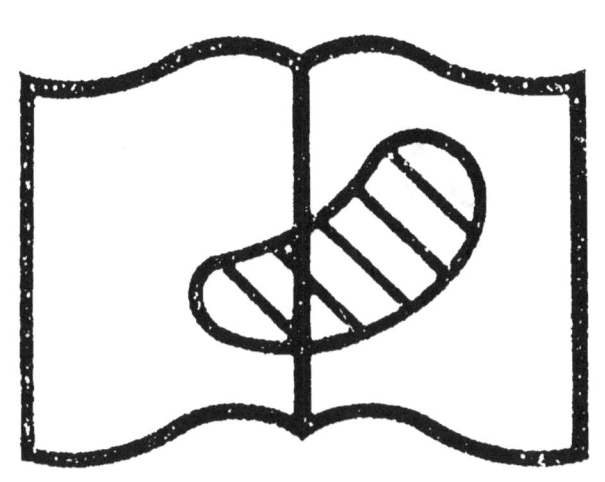

Pagination partiellement illisible

VALABLE POUR TOUT OU PARTIE
DU DOCUMENT REPRODUIT

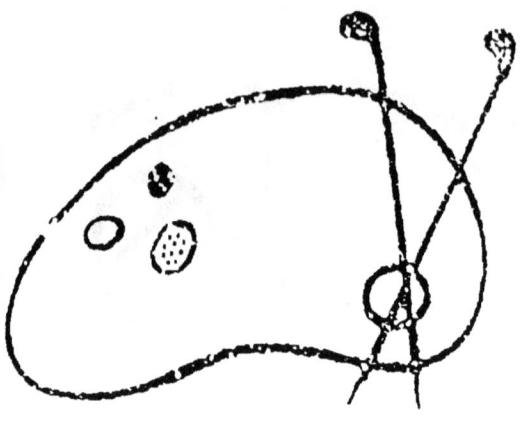

Couvertures supérieure et inférieure
en couleur

COUVERTURES SUPERIEURE ET INFERIEURE D'IMPRIMI

# MADELEINE

# OUVRAGES DU MÊME AUTEUR

PUBLIÉS DANS LA BIBLIOTHÈQUE-CHARPENTIER

### à 3 fr. 50 le volume

---

| | |
|---|---|
| MADEMOISELLE DE LA SEIGLIÈRE .................... | 1 vol. |
| MARIANNA........................................... | 1 vol. |
| LE DOCTEUR HERBEAU................................ | 1 vol. |
| FERNAND, suivi de VAILLANCE et de RICHARD........... | 1 vol. |
| VALCREUSE......................................... | 1 vol. |
| MADAME DE SOMMERVILLE, suivi de LA CHASSE AU ROMAN.. | 1 vol. |

6304-73. — CORBEIL. Typ. et stér. de CRÉTÉ.

JULES SANDEAU

DE L'ACADÉMIE FRANÇAISE

# MADELEINE

OUVRAGE COURONNÉ PAR L'ACADÉMIE FRANÇAISE

Dans sa séance du 22 juillet 1847

NOUVELLE ÉDITION

PARIS

G. CHARPENTIER, ÉDITEUR

13, RUE DE GRENELLE-SAINT-GERMAIN, 13

1879

A MA FEMME.

# MADELEINE

## I

Comme presque tous les villages traversés par une route royale, Neuvy-les-Bois est un affreux bourg, sale en hiver, poudreux en été, en toute saison sans poésie et sans mystère. Telle en est d'ailleurs l'importance, qu'avant le jour où commence ce simple récit, les indigènes n'avaient pas souvenir qu'aucune voiture publique se fût jamais arrêtée *dans leurs murs*. Ce dédain que les postillons et les conducteurs ont de tout temps affecté vis-à-vis de Neuvy-les-Bois donne une assez pauvre idée de la qualité de ses vins.

C'était en automne, un dimanche, entre messe et vêpres. Groupés à l'entrée du hameau, sous un soleil de feu qui tombait d'aplomb sur leurs têtes, les naturels attendaient gravement le passage de la diligence de Paris à Limoges ; car c'était là, aux jours de fête, leur unique distraction, courte, il est vrai, mais enivrante comme toutes les joies qui ne durent point. Du plus loin qu'ils l'entendaient venir, ils se rangeaient solennellement de chaque côté du chemin ; puis, quand la machine roulante, filant au grand trot des chevaux entre deux haies de nez en l'air, d'yeux hébétés et de bouches béantes, avait disparu au détour de la route dans un nuage de poussière, ces braves gens rentraient chez eux, le cœur rempli d'une douce satisfaction.

Or, le dimanche où nous sommes, les choses ne paraissaient pas devoir s'accomplir autrement; mais il était écrit là-haut que Neuvy-les-Bois serait ce jour-là le théâtre d'un prodige sur lequel ce modeste village, profondément découragé par un demi-siècle d'attente, n'osait plus désormais compter. Au lieu de filer comme un trait, ainsi qu'elle en avait l'habitude, la diligence s'arrêta net au milieu du chemin, entre les deux haies vivantes qui s'étaient formées sur son passage. A ce spectacle inattendu, à ce coup imprévu du sort, tout Neuvy-les-Bois resta sur place, sans songer seulement à se demander d'où lui venait un si rare honneur. Les chiens eux-mêmes, qui avaient l'habitude de courir en jappant après la voiture et de solliciter les coups de fouet du postillon, semblaient partager l'étonnement de leurs maîtres, et se tenaient, comme eux, immobiles et muets de stupeur. Cependant le conducteur avait mis pied à terre; il ouvrit la rotonde, et sur ce seul mot : Neuvy-les-Bois! prononcé par lui d'un ton sec, une jeune fille en descendit, ayant pour tout bagage un petit paquet sous le bras. Elle était vêtue de noir et pouvait avoir de quatorze à quinze ans au plus. La pâleur de son front, ses yeux brûlés de larmes, son air triste et souffrant, en disaient plus encore que ses habits de deuil. Le conducteur était déjà remonté sur son siége, et la jeune fille n'eut que le temps d'échanger un adieu silencieux avec ses compagnons de voyage. Ce n'était guère qu'un enfant, plus grave seulement qu'on ne l'est à cet âge. Quand elle se vit seule sur cette grande route embrasée, à l'entrée de ce méchant hameau où pas une âme ne la connaissait, seule au milieu de tous ces visages qui l'examinaient avec une expression de curiosité niaise et défiante, elle alla s'asseoir sur un tas de pierres, et là, sentant son cœur défaillir, elle se prit à pleurer la tête entre ses mains. Les paysans continuaient de la regarder du même air, ne soufflaient mot et ne bougeaient pas davantage. Heureusement, dans le groupe rustique, il y avait quelques femmes, et parmi ces femmes une mère qui berçait sur son sein un petit nouveau-né. Elle s'approcha de la jeune affligée et demeura quelques instants à la considérer avec une pitié hésitante; car, bien que tout annonçât chez cet enfant l'abandon, presque la pauvreté, la distinction naturelle de la personne relevait singulièrement la simplicité du costume, et commandait sans efforts la déférence et le respect.

— Pauvre demoiselle, dit-elle enfin, puisque vous voici seule, à votre âge, par les grands chemins, il faut donc bien que vous ayez perdu votre mère?

— Oui, madame, j'ai perdu ma mère, répondit la jeune fille d'une voix douce, où perçait un léger accent étranger. Hélas! j'ai tout perdu, tout, jusqu'au coin de terre où je suis née et où reposent les os qui me sont chers. Il ne me reste plus rien sous le ciel, ajouta-t-elle en secouant la tête.

— Chère demoiselle, que le bon Dieu prenne pitié de votre peine! Je vois bien, à votre façon de parler, que vous n'êtes pas de nos pays. Vous venez de bien loin, sans doute?

— Oh! oui, madame, de bien loin, de bien loin. J'ai cru souvent que je n'arriverais jamais.

— Et vous allez?...

— Où ma mère, avant de mourir, m'a recommandé de me rendre. Je savais, en partant, qu'une fois à Neuvy-les-Bois, je trouverais facilement le chemin de Valtravers.

— Vous allez à Valtravers?

— Oui, madame.

— Au château?

— Précisément.

— Vous avez allongé votre chemin, mademoiselle : le conducteur aurait dû vous descendre à la ville voisine. C'est égal, vous n'avez devant vous que trois petites lieues, et encore pourrez-vous, en prenant par les bois, gagner une bonne heure. Si vous le permettez, mon neveu Pierrot vous conduira; mais la chaleur est accablante, et je jurerais, ma mignonne, que vous n'avez rien pris de la journée. Venez à notre ferme ; vous goûterez le lait de nos vaches, et, pour vous mettre en route, vous attendrez la fraîcheur du soir.

— Merci, madame, merci. Vous êtes bonne; mais je n'ai besoin de rien. Je voudrais partir sur-le-champ, et si ce n'est pas abuser de la complaisance de M. Pierrot...

— Ici, Pierrot ! s'écria la fermière.

A cette invitation, faite d'un ton qui ne souffrait pas de réplique, un petit drôle se détacha de la foule et s'avança de l'air piteux d'un chien qui sent que son maître ne l'appelle que pour le rouer de coups. Pierrot, qui, depuis le matin, se berçait du charmant espoir de faire, après vêpres, sa partie de bouchon sur la place de l'église, parut médiocrement flatté de la proposition de sa tante. Celle-ci la lui réitéra de telle sorte, qu'il jugea prudent de se résigner. Elle lui mit sous le bras le petit paquet de l'étrangère; puis, le poussant par les épaules : « Prends par les bois, et surtout ne fais pas marcher trop vite cette jeune demoiselle, qui n'a ni tes pieds ni tes jambes. » Là-dessus Pierrot partit d'un air boudeur, tandis que Neuvy-les-Bois, qui commençait à revenir de sa stupeur, se perdait en commentaires sur les événements de ce grand jour.

Nous soupçonnons ce village de Neuvy-les-Bois d'avoir été nommé ainsi par antiphrase. Pour Neuvy, tant que l'on voudra; mais pour les bois, c'est une autre affaire. Je ne sais rien, pour ma part, de plus perfide ni de plus fallacieux que ces noms de lieux ou de personnes qui ont une signification précise et sont comme autant d'engagements formels. J'ai remarqué que, dans ce cas, lieux et personnes tiennent rarement ce qu'ils promettent, et qu'en général ce qui leur manque, c'est précisément la qualité qui leur a servi de marraine. J'ai connu des Angélique qui n'avaient rien d'un ange, et de jeunes Blanche noires comme de petits corbeaux. Quant aux lieux, sans aller plus loin, Neuvy-les-Bois, puisque nous y sommes, n'a pas un bouquet d'ormes, de peupliers ou de trembles pour s'abriter contre les vents du nord ou contre les ardeurs du midi. Les abords en sont nus et plats comme ceux de la mer, et, aux alentours, dans un rayon d'une demi-lieue, vous ne trouveriez pas l'ombre d'un chêne. Du moins, à Fontenay-aux-Roses, vous montre-t-on quelques maigres rosiers.

Cependant, à mesure que la jeune fille et son guide s'éloignaient de la route poudreuse et s'enfonçaient plus avant dans les terres, le paysage prenait insensiblement des aspects plus riants et plus verts. Après deux heures de marche, ils aperçurent les bois de Valtravers, qui ondulaient à l'horizon. Malgré les recommandations de sa tante, mon Pierrot allait d'un bon pas, sans se soucier de sa compagne. La possibilité qu'il entrevoyait d'être de retour pour faire sa partie de bouchon donnait des ailes à ce drôle. Quoiqu'elle eût le pied leste et la jambe fine, de loin en loin la pauvre enfant s'avisait bien de demander grâce, mais l'abominable Pierrot faisait la sourde oreille et poursuivait sans pitié son chemin. Tout en allant d'un train de poste, il regardait d'un œil morne l'ombre des arbres que le soleil allongeait démesurément sur l'herbe des prés ; dans l'amertume de son cœur, il ne se dissimulait pas que, s'il poussait jusqu'à Valtravers, c'en était fait des joies de son dimanche. Une fois sur la lisière de la forêt, une idée infernale traversa la tête de ce jeune berger.

— Voilà ! dit-il résolûment en déposant sur le gazon le bagage qu'il tenait sous son bras. Vous n'avez plus qu'à suivre cette grande allée, qui vous mènera droit au château. Dans un quart d'heure, vous aurez le nez sur la porte.

Là-dessus, ce mécréant se préparait à s'esquiver; un geste le retint. Après avoir détaché de sa ceinture une petite bourse qui ne paraissait pas bien lourde, la jeune fille en tira une piécette blanche qu'elle offrit gentiment à M. Pierrot, en le remerciant de sa peine. A ce trait de générosité sur lequel il ne comptait pas, Pierrot se sentit troublé. Il hésita; et peut-être allait-il céder au cri de sa conscience, lorsqu'il découvrit au loin, dans la plaine, le clocher de Neuvy-les-Bois, assez pareil au mât d'un navire échoué sur une grève. Par un effet de mirage que la passion seule peut expliquer, il crut voir, il vit sur la place de l'église une douzaine de polissons jouant au bouchon, à la fossette et au petit palet. Pour le coup, Pierrot n'y tint plus. Il prit la pièce d'argent, la fourra dans sa poche et se sauva à toutes jambes, comme si le diable l'eût poursuivi.

A peine entrée sous la ramée, la jeune fille éprouva cette sensation de bien-être qu'on éprouverait, au sortir d'une étuve, à se plonger dans un bain d'eau fraîche. Son premier mouvement

fut de remercier Dieu qui l'avait soutenue et
protégée dans le long voyage qu'elle venait d'accomplir, et de le prier de lui rendre hospitalière la porte où elle allait frapper. Comme
elle ne doutait pas que le château ne fût tout
près, elle s'assit au pied d'un chêne et se laissa
bientôt distraire par les enchantements de la
forêt ; car, indulgente et bonne nature, tu es
l'amie de tous les âges : tu consoles les vieillards ; les enfants eux-mêmes, quand tu te
prends à leur sourire, oublient qu'ils ont perdu
leur mère. Tout n'était autour d'elle qu'har-
monie, fraîcheur et parfum. Les obliques rayons
qu'à travers le feuillage le soleil envoyait mourir à ses pieds, lui rappelèrent que le soir approchait. Elle se leva et se mit à suivre l'allée,
s'attendant à voir d'un instant à l'autre apparaître façade et tourelles. Cependant il se trouva
que cette allée qui, au dire de Pierrot, servait
d'avenue au château, n'aboutissait en réalité
qu'à une autre allée transversale. L'enfant
prêta l'oreille pour tâcher de saisir quelques
bruits d'habitation prochaine ; elle n'entendit

que les sourdes rumeurs qui courent dans la profondeur des bois à la chute du jour. Elle monta sur un tertre et ne vit autour d'elle qu'un vaste océan de verdure. Elle marcha longtemps encore à la garde de Dieu. Quand, de guerre lasse, elle voulut revenir sur ses pas, il lui fut impossible de reconnaître les sentiers par où elle avait passé. Bien que le soleil n'eût point encore quitté l'horizon, la forêt se remplissait déjà d'ombre et de mystère. Les oiseaux ne chantaient plus, les phalènes battaient l'air de leurs ailes cotonneuses; le sinistre concert des orfraies commençait. C'est surtout à cette heure que l'abandon, la tristesse et la solitude pèsent de tout leur poids sur l'âme des infortunés. Découragée, d'ailleurs n'en pouvant plus, la pauvre petite se laissa tomber sur l'herbe et ses larmes coulèrent de nouveau. Elle avait dénoué les rubans noirs de son chapeau de paille : tandis qu'elle pleurait, les folles brises jouaient avec sa blonde chevelure que dorait un dernier rayon.

Elle était là depuis quelques instants, abîmée dans son désespoir, lorsqu'elle aperçut un beau cheval de race limousine qu'elle n'avait pas entendu venir, et qui se tenait à quelques pas, immobile au temps d'arrêt : en selle était un cavalier qui la regardait de l'air surpris d'un homme qui n'est pas habitué à de telles rencontres, à cette heure et en pareil lieu. Elle se leva par un brusque mouvement ; puis, rassurée presque aussitôt par la bienveillance souriante du regard attaché sur elle.

— Monsieur, dit-elle, c'est Dieu qui vous envoie à mon aide. Si vous êtes de ce pays, vous devez voir déjà que je suis une étrangère. Voilà plus de deux heures que j'erre à l'aventure dans cette forêt sans pouvoir en sortir ni savoir où je vais ; peut-être me ferez-vous la grâce de me mettre dans mon chemin.

— Sans aucun doute, mademoiselle, répondit une voix presque aussi douce que celle de la jeune fille ; mais encore faut-il que je sache où vous souhaitez aller.

— A Valtravers, monsieur.

— Au château?

— Oui, au château de Valtravers.

— Vous ne pouviez mieux vous adresser, mademoiselle, car j'y vais moi-même de ce pas; et, si vous le voulez bien, j'aurai l'honneur de vous accompagner.

A ces mots, sans attendre la réponse, le cavalier sauta à bas de sa monture. C'était un jeune homme dans tout l'éclat du printemps de la vie, svelte, élégant, à l'œil doux et fier; pardessus tout, il avait une grâce qu'on ne saurait dire. Ses cheveux, luisants comme le jais, foisonnaient et bouclaient naturellement à ses tempes. Nouée négligemment autour du cou, sa cravate de soie grise rayée de bleu, au lieu de le cacher, en dégageait le pur ivoire. Une redingote brune pressait sa taille élancée et flexible; son pantalon blanc tombait à larges plis sur une botte mince, étroite et cambrée, armée au talon d'un acier brillant et sonore. Il était ainsi à la fois simple et charmant.

— Est-ce que c'est à vous, ceci, mademoiselle? demanda-t-il, en indiquant du bout de sa cravache l'humble bagage resté sur le gazon.

— Oui, monsieur, c'est toute ma fortune, répondit l'étrangère avec un triste sourire.

Le jeune homme releva le paquet et s'occupa de l'attacher solidement à la selle de son cheval; cela fait, il offrit son bras à l'enfant, et tous deux s'avancèrent dans la direction du château, suivis du bel et docile animal, qui tondait de droite et de gauche les jeunes pousses de l'automne.

— Ainsi, mademoiselle, quand je vous ai rencontrée, vous étiez égarée, perdue, et ne sachant que devenir? Je remercie le hasard qui m'a conduit par là, car vous couriez le risque de dormir cette nuit à la lueur des étoiles, sur la mousse des bois.

— J'y étais résignée, monsieur.

Et la jeune fille raconta de quelle manière elle avait été mystifiée par M. Pierrot.

— M. Pierrot est un polisson qui mériterait qu'on lui coupât les deux oreilles. Et vous allez à Valtravers? C'est qu'alors, mademoiselle, vous connaissez le chevalier ou tout au moins quelqu'un du château?

— Je n'y connais personne.

— En vérité !

— Personne absolument, mais vous, monsieur, vous le connaissez, M. le chevalier?

— Assurément : nous sommes de vieux amis.

— On le dit bon, généreux, charitable.

— Oh! très-charitable, répliqua le jeune homme, qui pensa qu'il s'agissait tout simplement de quelque infortune à soulager; mais, après un rapide coup d'œil jeté sur sa jeune compagne, il repoussa loin cette idée, et comprit que décidément ce n'était point là une solliciteuse ordinaire.

— Mademoiselle, ajouta-t-il gravement, je vous donne M. le chevalier comme le plus noble cœur qui ait jamais battu sous le ciel.

— Je le savais, je n'en doutais pas; cependant, à cette heure, il m'est bien doux de me l'entendre affirmer de nouveau. Et le petit Maurice, monsieur, vous devez aussi le connaître?

— Quel petit Maurice, mademoiselle ?

— Eh! mais, le fils du chevalier.

— Ah! bien, bien! s'écria le jeune homme en riant. Oui, certainement, je le connais, le petit Maurice.

— Est-ce qu'il promet de devenir un jour bon et généreux comme son père?

— Dame! il passe généralement dans le pays pour un assez bon diable. Ce n'est pas moi qui voudrais en dire du mal.

— Je sens que je l'aimerai comme un frère.

— Je puis vous assurer que, de son côté, il sera charmé de vous voir.

En cet instant, ils traversaient une clairière, et, derrière le mur d'un parc dont la grille s'ouvrait sur la forêt, apparut un joli castel dont les feux du couchant incendiaient toutes les fenêtres.

II

Le même soir, à la même heure, le vieux chevalier de Valtravers était assis sur son perron, en compagnie de la vieille marquise de Fresnes, dont le château voisin s'apercevait au fond de la vallée, à travers le feuillage encore vert des peupliers qui bordent la Vienne. Tous deux s'entretenaient complaisamment des jours écoulés, car, à l'âge qu'ils avaient l'un et l'autre, la vie n'est plus guère éclairée que par ce pâle et doux reflet qui s'appelle le souvenir.

L'intimité de la marquise et du chevalier datait de loin. Aux premiers coups de tocsin sonnés par la monarchie aux abois, le marquis de Fresnes ayant jugé convenable d'aller faire avec sa femme une tournée de quelques mois sur les bords du Rhin, ne fût-ce que pour protester contre ce qui se passait en France et donner au trône de saint Louis un témoignage authentique de respect et de dévouement, M. de Valtravers s'était décidé à les accompagner. On sait ce qu'il advint de ces voyages de quelques mois, et comment ces petites excursions, qui s'étaient présentées d'abord comme des parties de plaisir, aboutirent pour la plupart à un long et dur exil. Nos trois compagnons comptaient si bien sur un prompt retour, qu'ils avaient à peine emporté de quoi subvenir aux loisirs de plus d'une année. Ces ressources épuisées, les diamants vendus, les bijoux monnoyés, on gagna sans bruit Nuremberg ; on s'y installa pauvrement ; il ne s'agissait plus que d'y vivre. MM. de Fresnes et de Valtravers avaient bien l'oreille un peu basse. Ainsi qu'il arrive toujours, ce fut la femme qui montra l'exemple de la résignation, du courage et de l'énergie. Nous travaillerons, répondit simplement madame de Fresnes aux deux amis qui demandaient avec anxiété quel parti leur restait à prendre. Elle peignait

agréablement le pastel et la miniature; elle
donna des leçons et fit des portraits. Sa beauté,
sa grâce et son infortune, mieux encore que son
talent, lui valurent en peu de temps une clien-
tèle nombreuse et choisie. Les deux gentils-
hommes, qui avaient commencé par décréter
qu'il y avait dérogeance et par jeter les hauts
cris en voyant la marquise à l'œuvre, finirent,
bon gré mal gré, par s'apercevoir qu'ils étaient
passablement nourris sans rien faire, et qu'en
fin de compte c'était la marquise qui, comme
on dit communément, amenait l'eau au moulin.
Le marquis ne s'en préoccupa pas autrement ;
mais M. de Valtravers comprit que demeurer
ainsi les bras croisés, c'était prendre l'orgueil
et la dignité à l'envers. Seulement, quel emploi
trouver à ses facultés ? à quelle industrie appli-
quer ses deux bras oisifs ? L'idée lui vint d'en-
seigner le français ; la nécessité préalable où
cela l'eût mis de l'apprendre coupa court à ce
beau projet. Après s'être bien étudié et retourné
lui-même en tous sens, le chevalier reconnut en
toute humilité qu'il n'était bon qu'à aller se

faire tuer à l'armée de Condé. Il s'y préparait sérieusement, mais sans enthousiasme, lorsqu'un jour qu'il errait assez tristement par les rues, il s'arrêta machinalement devant un étalage de bimbeloteries où se voyaient, entre autres menus objets de bois faits au tour, force bilboquets très-artistement ouvragés et bon nombre de ces toupies ronflantes, délices de l'enfance et gloire de Nuremberg. Il semblerait que pour un gentilhomme émigré, ruiné de fond en comble et depuis longtemps ayant passé la saison des bilboquets et des toupies d'Allemagne, ce spectacle n'eût rien qui pût exalter l'imagination et déterminer un transport au cerveau. Pourtant il arriva qu'après quelques minutes de contemplation silencieuse, M. de Valtravers parut éprouver quelque chose de ce qu'éprouvèrent à coup sûr Christophe Colomb quand il vit surgir du sein de l'Océan les rivages du nouveau monde, et Galilée lorsqu'il sentit notre petit globe terraqué, cloué par l'ignorance et scellé depuis six mille ans dans l'espace, se mouvoir et se promener autour du soleil.

M. de Valtravers était né en 1760. Or, grâce à l'*Émile* de Rousseau, c'était la mode en ce temps-là, parmi les hautes classes de la société française, de compléter toute éducation par l'apprentissage d'un métier quelconque. L'exemple partait de haut : en 1780, le roi de France, qui était le plus honnête homme de son royaume, en était aussi le meilleur serrurier. Il était de mise pour les grands seigneurs de savoir un art mécanique, ainsi que pour les grandes dames de nourrir elles-mêmes leurs enfants. En général, tout cela se pratiquait par ton, sans prévoyance et sans gravité : les uns jouant au travail, les autres à la maternité ; celles-ci se prêtant au caprice du jour plutôt qu'au vœu de la nature ; ceux-là ne se doutant pas, en maniant la lime ou le rabot, que l'heure approchait où les fils de famille seraient mis en demeure de devenir les fils de leurs œuvres, et que c'était prudemment agir que de songer dès à présent à se créer des titres de roture.

A la vue de tous ces bimbelots, devant lesquels venait de le conduire le hasard ou plutôt l'instinct d'une vocation mystérieuse, M. de Valtravers se souvint qu'il avait appris à tourner l'ébène et l'ivoire. Trois mois après, il passait à Nuremberg pour le Benvenuto Cellini de la menuiserie tournée. Le fait est qu'en moins de trois mois il était parvenu à façonner le bois comme pas un. Il excellait dans la confection du bilboquet, ses toupies étaient généralement fort goûtées ; mais que dire de ses casse-noisettes, qui, par la délicatesse et le fini des détails, étaient tout simplement de petites merveilles ! Il en fabriquait en ivoire qu'on tenait pour de vrais bijoux. La mode s'en mêla, et, comme les pastels de madame de Fresnes jouissaient déjà d'une vogue à peu près pareille, il se trouva que, pendant deux ans, dans la vieille cité allemande, toute figure un peu bien née dut poser devant la marquise, et qu'il ne se mangea pas une aveline sans l'intervention de l'émigré français.

On peut croire que, bien différents de certaines gens, nos deux artistes ne prenaient pas leur succès au sérieux; s'ils mettaient en public leurs talents à un assez haut prix, ils en faisaient bon marché dans l'intimité. Après avoir travaillé chacun de son côté, ils se réunissaient le soir, et c'étaient alors entre elle et lui des scènes d'une folle gaieté, quand l'une étalait sur son chevalet la face épanouie de quelque gros Nurembergeois, tandis que l'autre tirait de sa poche une demi-douzaine de casse-noisettes qu'il avait tournés dans sa journée. Ils riaient comme des enfants, et ne s'apercevaient pas que c'était au travail qu'ils devaient leur gaieté charmante, au travail qui déjà les rendait meilleurs et plus heureux qu'ils ne l'avaient jamais été au plus beau temps de leur prospérité. Quant au marquis, il estimait que gagner son pain est le fait de la canaille, et qu'un gentilhomme qui se respecte doit savoir mourir comme les sénateurs romains dans leurs chaises curules, plutôt que de s'abaisser à vivre comme les gueux, en travaillant. Il en voulait sourdement à sa femme, méprisait souverainement le chevalier, et ne se gênait pas pour le lui témoigner. Ce qui l'exaspérait surtout, c'était de les trouver tout le jour occupés et en belle humeur, tandis qu'il se mourait littérale-

ment de ce morne et profond ennui que l'inaction traîne après elle. Tout en se respectant, il mangeait d'ailleurs de grand appétit, s'accomodait sans scrupule des bénéfices de l'association, et se montrait sur bien des choses aussi puéril, aussi futile et plus exigeant que s'il eût été encore dans son château, sur les bords de la Vienne. C'était à l'heure du repas, quand ils étaient rassemblés tous trois, que sa bile s'exhalait le plus volontiers. « Eh! marquis, s'écriait parfois le chevalier, faites-nous l'amitié de nous dire où vous en seriez sans les pastels de la marquise?..
— Et sans les casse-noisettes de notre ami? » ajoutait la marquise en riant. M. de Fresnes haussait les épaules, parlait de gratter son blason, demandait grâce pour sa femme aux mânes de ses ancêtres, et se plaignait de ne point voir de vin de Bordeaux sur sa table.

A la longue, quand ils eurent assuré le bien-être de leur intérieur, madame de Fresnes et M. de Valtravers purent obéir à un sentiment plus désintéressé et plus poétique, qui s'était insensiblement développé en eux et à leur insu. Ils avaient franchi, sans s'en douter, les degrés qui mènent du métier à l'art, comme l'échelle de Jacob montait de la terre au ciel. La marquise s'essaya dans la copie réduite des tableaux de vieux maîtres. Elle y réussit, et l'on se disputa ses miniatures d'après Holbein et Albert Dürer. De son côté, le chevalier aborda sérieusement la grande sculpture en bois ; il s'y distingua et devint en ce genre un des artistes les plus éminents d'outre-Rhin. On montre encore aujourd'hui, dans la cathédrale de Nuremberg, une chaire de sa façon. Exécutés parfaitement, les ornements n'en sont pas tous d'un goût irréprochable ; mais le principal morceau, qui représente saint Jean prêchant dans le désert, est un des plus beaux que l'Allemagne possède, et pourrait soutenir la comparaison avec les boiseries sculptées qui se voient à Venise, dans l'église de *San Giorgio Maggiore*.

Outre les jouissances qu'il procure, quelque humble et modeste qu'il soit, l'art a cela de sûr et de précieux, qu'il élève le cœur, qu'il agrandit l'esprit, qu'il ouvre à la pensée des horizons plus larges et plus sereins. C'est là du moins ce qui arriva pour la marquise et pour le chevalier. L'un et l'autre en vinrent peu à peu à briser entièrement le cercle des idées mesquines où les avaient emprisonnés leur naissance et leur éducation. Ils reconnurent l'aristocratie du travail et la royauté de l'intelligence ; comme deux papillons échappés de leur chrysalide, ils sortirent de leur caste étroite et bornée pour entrer triomphants dans la grande famille humaine. Pendant ce temps, rongé par l'ennui jusqu'aux os, le marquis continuait de se consumer en désirs impuissants, en stériles regrets. Un beau jour, il rendit à Dieu ce qu'il avait d'âme ; sa femme et son ami le pleurèrent comme un enfant.

Quelques mois après, c'était en 1802, sur l'invitation du Premier consul, ils repassèrent le Rhin et retournèrent gaiement dans leur patrie, régénérée comme eux. Depuis longtemps, tous deux avaient fini par comprendre et par accepter les nouvelles gloires de la France ; en touchant ce sol héroïque, ils sentirent leur cœur tressaillir et de douces larmes humecter leurs yeux. La meilleure partie de leurs domaines étant restée propriété nationale, ils obtinrent aisément de rentrer chacun chez soi, si bien que les années d'exil qui venaient de s'écouler ne furent plus pour eux qu'un long rêve; seulement, au rebours d'Épiménide, ils s'étaient réveillés jeunes après s'être endormis vieux. A peine réintégré dans le castel de ses pères, le chevalier s'empressa d'appeler à lui une belle et chaste créature qu'il avait aimée en Allemagne, qu'il épousa, et qui mourut en lui donnant un fils. Cet enfant grandit entre son père et madame de Fresnes, qui se vouèrent à lui tout entiers, et continuèrent de vivre philosophiquement dans leur retraite, faisant du bien, occupant leurs loisirs, à peu près sourds aux bruits du monde, étrangers à toute ambition. De toutes les habitudes, celle du travail est à la fois la plus rare et la plus impérieuse. La marquise peignait comme par le passé, tandis que le chevalier, levé chaque matin avec l'aube, rabotait, fouillait, évidait le poirier, le noyer et le chêne. Il avait pris à tâche de renouveler magnifiquement et de ses propres mains les boiseries vermoulues de son manoir ; peut-être aussi, par un retour complaisant vers ses premiers succès, tournait-il par-ci par-là quelques casse-noisettes dont il faisait présent aux filles de ses fermiers. La lecture, la promenade, les délices d'une intimité dont le charme n'avait point vieilli, et l'éducation du jeune Maurice, absorbaient le reste des journées, toujours trop courtes lorsqu'on travaille et que l'on s'aime.

# III

Un soir donc, assis l'un près de l'autre, ces vieux compagnons se plaisaient à remonter le courant des jours qu'ils avaient descendus ensemble, quand ils aperçurent, débouchant par une allée du parc, les deux jeunes gens que nous avons laissés à la grille. Arrivés au bas du perron, la jeune fille en monta les degrés lentement, d'un air grave, quoique visiblement émue. La marquise et le chevalier s'étaient levés pour la recevoir. Elle tira de son sein une lettre qu'elle porta d'abord pieusement à ses lèvres; puis elle la remit à M. de Valtravers, qui examinait avec un sentiment de curiosité bienveillante cette enfant qu'il voyait pour la première fois. Le vieux gentilhomme brisa le cachet et lut. Debout, ses deux bras amaigris posés sur sa poitrine, calme dans sa douleur, digne dans son humilité, l'étrangère se tenait, les yeux baissés, sous le regard de madame de Fresnes, qui l'observait avec intérêt, tandis qu'à quelques pas de là, le jeune homme qui l'avait amenée assistait en témoin discret à cette scène silencieuse.

« Munich, 13 juillet 18..

« Près de quitter ce monde, en face de l'éternité qui va bientôt commencer pour moi, ce n'est pas vers le ciel, c'est vers la France que mes yeux se tournent avant de se fermer ; ce n'est pas vers Dieu, c'est vers vous que je crie, mon frère, et que je tends mes bras suppliants, au nom de celle qui fut ma sœur et la femme de votre choix. Hélas ! qu'elle a été cruellement éprouvée, cette maison que vous avez connue si prospère ! Où sont allées les joies de ce foyer où vous vîntes un jour vous asseoir ? La tombe m'a pris tous les miens. Mon mari n'a pu survivre à sa fortune, et moi, malheureuse, à mon tour voici que je meurs. Je meurs, et je suis mère ; c'est mourir deux fois, ô mon Dieu ! Quand vous lirez ces lignes, seul trésor, unique héritage que j'aurai pu lui laisser en partant, ma fille n'aura plus que vous sur la terre ; quand vous tiendrez entre vos mains ce papier trempé de mes larmes, mon enfant sera devant vous, seule, arrivant de loin, brisée par la douleur et par la fatigue, sans autre refuge que votre toit, sans autre appui que votre cœur. Oh ! par le doux lien qui vous fut cher et que la mort n'a point rompu sans doute, par cette Allemagne qui se montra pour vous hospitalière et qui vous fut longtemps une patrie, par ma famille devenue la vôtre, par l'adorable créature trop tôt ravie à votre amour et qui vous adjure ici par ma voix, oh ! ne repoussez pas ma chère abandonnée ! Recueillez, réchauffez dans votre sein la colombe tombée de son nid. Et toi que je ne connais pas, mais que j'aimais à confondre si souvent avec ma fille dans un même sentiment de tendresse et de sollicitude, fils de ma sœur, si ta mère t'a donné son âme, tu seras bon aussi et fraternel pour ma bien-aimée Madeleine. Protége-la, veille sur elle quand ton père ne sera plus, et n'oublie, jamais, jeune ami, que l'orpheline que le ciel nous envoie devient parfois l'ange tutélaire de la maison qui s'est ouverte devant elle. »

— Viens, ma fille, viens dans mes bras ! s'écria le chevalier, quand il eut achevé de lire ; sois la bienvenue, mon enfant, sous le toit de ton vieil oncle. N'était le deuil qui t'amène, je dirais ce jour trois fois heureux, et ton arrivée nous serait une fête à tous. Marquise, c'est ma nièce, ajouta-t-il, en pressant de ses deux mains la tête de l'enfant ; Maurice, c'est ta cousine, c'est une jeune sœur qui te vient du pays de ta mère.

L'orpheline passa des bras de son oncle dans ceux de la marquise. Madame de Fresnes avait perdu une fille unique, enlevée, dans sa fleur, à peu près à l'âge de Madeleine ; or, chez tous les infortunés qui ont eu cet affreux malheur, surtout chez les mères, c'est un penchant irrésistible de trouver, alors même qu'ils n'existent pas, des rapports visibles et frappants entre l'enfant que la mort leur a pris et la plupart de ceux

qu'ils rencontrent sur leur chemin : touchantes
illusions de l'amour et de la douleur qui trans-
forment tous ces frais visages en autant de portraits vivants de l'être adoré qui n'est plus ! La
marquise s'était donc sentie portée naturellement vers cette blanche créature qui venait de
lui apparaître comme une image de sa fille. C'é-
taient les mêmes yeux et le même regard, le
même charme triste et grave, particulier aux êtres
éprouvés de bonne heure ou condamnés à mourir avant le temps. Ainsi disposée tout d'abord,
on peut juger si madame de Fresnes, esprit vif et
prime-sautier, nature généreuse que n'avaient
point appauvrie les années, dut épouser avec
enthousiasme le sort de la jeune étrangère. Elle
la serra contre son sein, lui prodigua les noms
les plus tendres, la couvrit de caresses et de
baisers. Puis ce fut le tour du jeune homme.
« Quoi ! mon cousin, c'était vous ! dit-elle en
souriant à travers ses pleurs. C'était vous, le
petit Maurice ! Je m'étais figuré que vous ne
deviez être qu'un enfant comme moi. » Maurice
l'embrassa cordialement : c'est tout au plus

s'il avait soupçonné jusqu'à ce jour l'existence de sa cousine. Cependant le chevalier donnait des ordres, s'empressait, avait l'œil à tout, et à chacun de ses vieux serviteurs, il disait avec effusion ? « Nous avons un enfant de plus ! » Certes, ce soir-là, si elle put voir l'accueil que sa fille reçut à Valtravers, la mère de notre héroïne dut être contente là-haut.

L'installation de Madeleine ne changea rien au train du château. C'était une fille pieuse, simple, modeste, déjà sérieuse et réfléchie, tenant peu de place, ne faisant point de bruit, la plupart du temps silencieuse et penchée sur quelque ouvrage d'aiguille. En quelques jours, elle avait su se rendre agréable à tous par sa douceur et sa bonté. Quant à sa figure, nous devons n'en rien dire : on sait ce qu'il en est généralement à cet âge ingrat qui n'a déjà plus les grâces de l'enfance et qui n'a point encore celles de la jeunesse. Elle n'était pas précisément belle, et nous n'oserions affirmer qu'elle promît de le devenir. Avant de se prononcer sur des questions si délicates, il est toujours prudent d'attendre, d'autant mieux qu'en cette saison de transition il s'accomplit un mystérieux travail où la laideur se transfigure aussi souvent que se flétrissent les fleurs de beauté trop hâtive. Telle qu'elle était, la marquise et le chevalier l'aimaient d'une vive tendresse, et l'existence de cette enfant se partageait entre les deux habitations voisines l'une de l'autre, et qui n'en faisaient qu'une à proprement parler. Loin d'avoir été négligée, son éducation avait été poussée assez loin pour qu'elle pût la continuer elle-même, et l'achever au besoin sans aucun secours étranger. Elle parlait notre langue avec pureté, presque sans accent. Comme toutes les Allemandes, et trop de Françaises, hélas! elle savait à fond la musique, et, chose malheureusement plus rare, elle n'en abusait pas. Le chevalier et la marquise se plaisaient à lui faire chanter des tyroliennes de son pays; mais ces airs qui les reportaient délicieusement l'un et l'autre vers leurs jours d'exil et de pauvreté, lui rappelaient cruellement, à elle, sa mère et sa patrie, toutes deux perdues sans retour, et souvent la pauvre petite était interrompue par ses pleurs et par ses sanglots. Pour Maurice, au bout d'une ou deux semaines au plus, pendant lesquelles il s'était cru obligé de s'occuper de sa cousine et de lui faire les honneurs du pays, à peine parut-il s'apercevoir de sa présence. Il avait vingt ans et toute la fougue, tous les emportements de son âge ; d'autres soins déjà l'agitaient. Ce jeune homme avait grandi en pleine liberté, doublement gâté par son père et par la marquise, qui ne savaient rien au monde de plus beau que lui ni de plus charmant. Un précepteur lui avait enseigné un peu de grec et de latin ; en même temps M. de Valtravers, chez qui l'amour du bois sculpté était devenu une vraie manie, l'avait initié au culte de son art. Le bon vieux chevalier en pleurait d'orgueil et de joie, lorsqu'il voyait près de lui son fils équarrissant, tournant, rabottant, et promettant de dépasser son père. Maurice, de son côté, paraissait prendre goût à ce passe-temps inoffensif, lorsqu'un beau jour, voilà le malheur! il se demanda si par hasard, après le chevalier, la marquise et la sculpture en bois, il n'y aurait pas encore ici-

bas quelque chose. A cette question indiscrète
que lui adressait vaguement la jeunesse turbu-
lente, inquiète et près d'éclater, la réponse ne
se fit pas attendre : ce fut la jeunesse elle-même
qui répondit par une explosion.

Il est de tendres et poétiques natures voilées
à leur matin d'une brume légère; d'autres, au
contraire, plus vivaces et plus énergiques, dont
l'aube se lève embrasée de tous les feux du milieu
du jour. Chez celles-là, le premier trouble des
sens et de l'imagination qui s'éveillent, se révèle
sans bruit et se traduit en rêveuses tristesses ;
chez celles-ci, violemment, en agitations tumul-
tueuses. Maurice participait à la fois de ces deux
natures. On le vit tour à tour triste, préoccupé,
rêveur, puis tout d'un coup saisi d'ardeurs sans
but et sans nom, ne tenant plus au logis, impé-
tueux, bouillant, même un peu colère, et ne sachant à quel vent jeter l'énergie sauvage qui le
consumait : au demeurant, affectueux pour son
vieux père, plein de grâce pour sa vieille amie,
bon pour tous, adoré de chacun, seulement ayant
par-dessus la tête de la sculpture en bois, du

manoir héréditaire, des éternelles histoires qu'il subissait depuis tantôt vingt ans, et se demandant avec une sourde irritation si son existence devait s'écouler tout entière à tourner le buis, à façonner le chêne, et le soir, au coin du feu, à écouter, les pieds sur les chenets, les interminables récits du temps de l'émigration. En attendant mieux, il chassait à toute outrance, battait les environs et crevait des chevaux.

C'était au plus fort de l'explosion qu'était survenue Madeleine. On juge de quelle importance dut être, à pareille heure, dans la destinée de ce jeune homme, l'apparition d'une fillette de quatorze à quinze ans, timide, réservée, silencieuse, sans trop de beauté ni de grâce. Il s'occupa d'elle à peu près autant que si elle n'eût pas quitté Munich. Il partait au lever du jour, et ne rentrait guère qu'à la nuit tombante ; encore lui arrivait-il souvent de passer toute une semaine, soit à la ville voisine, soit dans un des châteaux d'alentour. S'il apercevait le matin Madeleine à sa fenêtre, il lui envoyait un bonjour sans façon, et tout était dit. Pendant les repas, il lui adressait

par-ci par-là, sans la regarder, quelque parole
insignifiante. Lorsqu'elle chantait ses tyroliennes, comme c'était pour le chevalier et pour la
marquise une occasion, qu'ils saisissaient toujours avec empressement, de parler de Nuremberg et de rappeler, l'un ses casse-noisettes, l'autre ses miniatures. Maurice qui en avait les oreilles rebattues, ne manquait jamais de s'esquiver
dès la première note. Un soir pourtant qu'il se tenait près d'elle, il ne put s'empêcher d'être frappé
du luxe de sa chevelure, en effet, d'une rare ma-
gnificence. Il en fit tout haut la remarque, en
soulevant d'une main familière la masse luxu-
riante de cheveux blonds et fins qui chargeait la
tête de la petite Allemande. La pauvre enfant
était si peu habituée à se voir l'objet des attentions de son cousin, qu'elle rougit, se troubla,
et devint toute tremblante. Quand elle voulut par
un sourire, exprimer sa reconnaissance, Maurice, pressentant quelque tyrolienne, s'était
déjà échappé. Une autre fois, au retour de la
chasse, il lui offrit un joli faisan qu'il avait ar-
raché vivant de la gueule d'un de ses chiens.

« Quoi! mon cousin, vous pensez quelquefois à moi? » demanda la jeune fille tout émue. Maurice avait déjà tourné les talons. Ce n'est pas qu'il vît avec déplaisir la présence de l'orpheline sous le toit paternel. Loin de là! S'il avait toutes les ardeurs de son âge, il en avait aussi tous les nobles et généreux instincts. Jamais il ne lui serait venu à la pensée de supputer la part que pourrait avoir un jour Madeleine dans le testament du chevalier. Disons-le, en passant, à la gloire de la jeunesse, de si honteux calculs entrent rarement dans les cœurs de vingt ans. Maurice était prêt à partager avec sa cousine comme avec une sœur; et, s'il ne se montrait pour elle ni plus assidu ni plus tendre, c'est tout bonnement parce que Madeleine avait oublié de venir au monde quinze ou vingt mois plus tôt.

La marquise et le chevalier n'étaient pas sans avoir remarqué tout d'abord le brusque changement qui venait de s'opérer dans les habitudes de ce Maurice qu'ils avaient connu jusqu'alors de goûts si simples et d'humeur si facile. Tous deux s'en affligeaient sans y trop rien comprendre. Ils avaient été jeunes dans un temps où la jeunesse, s'éparpillant à tort et à travers, en menues distractions, en frivolités élégantes, ne soupçonnait guère ce sourd malaise et ce profond ennui qui devaient être plus tard le supplice et le martyre de toute une génération. Bien qu'élevé dans la retraite, au fond des campagnes, Maurice avait subi à son insu l'influence des idées nouvelles. Les idées sont des forces vives mêlées à l'air que nous respirons : le vent les charrie et les sème à tous les points de l'horizon ; et, quoi qu'on puisse faire pour échapper à ces invisibles courants, si loin qu'on se tienne à l'écart, on s'en pénètre, on s'en imprègne ; on est toujours l'enfant de son siècle. Ce qui surprenait surtout bien étrangement le chevalier et la marquise, c'était non pas ce besoin d'activité dévorante qu'ils s'expliquaient naturellement par la chaleur du sang et par l'impétuosité du jeune âge, mais la sombre mélancolie où s'abîmaient presque toujours ces ardeurs et ces emportements. Que pouvaient-ils comprendre, en effet, à la maladie d'une époque où la gaieté, exilée des âmes de vingt ans, ne se rencontrait plus que sous les cheveux blancs des vieillards? A force de creuser la question et de se concerter entre eux, ils en arrivèrent pourtant à reconnaître que l'existence qu'avait menée jusqu'ici Maurice n'était ni féconde ni divertissante, et que, malgré le charme incomparable de la sculpture en bois, il ne fallait pas s'étonner qu'un jeune cœur ne s'y fût point absorbé tout entier. C'était l'avis de la marquise; le chevalier finit par s'y rendre. Que faire cependant? On parla d'abord d'un mariage; mais le remède fut trouvé un peu trop violent; d'ailleurs la marquise fit observer avec raison qu'on ne se mariait plus à vingt ans, et qu'au rebours de ce qui se pratiquait autrefois, le mariage était devenu moins un commencement qu'une fin. Bref, après de mûres réflexions, il fut décidé qu'on enverrait Maurice courir le monde pendant deux ou trois ans, à Paris d'abord, puis, à son choix, en Allemagne ou en Italie, afin de compléter son éducation par la connaissance approfondie des hommes et des choses. Ce programme n'était pas beaucoup plus vague que la plupart de ceux que trace tous les ans la province à ses fils, avant de leur mettre la bride sur le cou et de les lâcher dans la vie parisienne.

A quelque temps de là, par une soirée d'automne, un an jour pour jour après l'arrivée de Madeleine, le chevalier, son fils et la marquise étaient réunis dans le château de Valtravers. Le cheval qui devait conduire Maurice à la ville voisine où passait la malle-poste, attendait tout sellé et bridé au pied du perron. On était à l'heure des adieux. Un départ a toujours quelque chose de triste et de solennel, alors même qu'il ne s'agit pas d'une séparation douloureuse. Le chevalier paraissait péniblement affecté; la marquise cachait mal son attendrissement; Maurice lui-même se sentait ému, et quand son vieux père lui ouvrit ses bras, il s'y jeta tout en pleurs comme s'il l'eût embrassé pour la dernière fois. Madame de Fresnès le serra sur son cœur avec effusion. Enfin les serviteurs de la maison, les plus vieux, ceux qui l'avaient vu naître, l'embrassèrent comme leur enfant.

Le temps pressait, Maurice dut s'arracher à toutes ces étreintes. Ce ne fut qu'au dernier moment, et près de mettre le pied à l'étrier, qu'il se souvint de Madeleine. Il la chercha des yeux; et, s'étonnant de ne la point voir, il allait la faire appeler, lorsqu'on lui dit que la jeune fille, sortie depuis quelques heures, n'était pas rentrée au château. Après avoir laissé tomber autour de lui quelques paroles affectueuses à l'adresse de sa cousine, il s'éloigna au pas mesuré de sa monture, non sans se retourner à plusieurs reprises pour saluer encore une fois d'un geste attendri les êtres excellents qui le suivaient des yeux. Arrivé à la grille du parc, près d'en franchir le pas, il hésita, comme un aiglon sur le bord de son nid avant de s'élancer dans l'espace. Il se rappela les jours heureux qu'il avait passés à l'ombre de ce joli manoir, entre les soins de la marquise et la tendresse de son père. Il crut voir à travers le feuillage ému le gracieux fantôme de son adolescence qui le regardait avec tristesse et s'efforçait de le retenir. Il crut entendre des voix charmantes qui lui disaient: « Ingrat, où vas-tu? » Son cœur se fondit et ses yeux se mouillèrent; mais sa destinée l'emportait. Il se jeta dans la forêt qu'il devait traverser pour se rendre à la ville.

Au bout d'un temps de course rapide, à cette même place où il l'avait rencontrée un an auparavant, à pareil jour, à la même heure, Maurice aperçut Madeleine assise et rêvant. Ainsi que l'an passé, l'orpheline n'avait point entendu le bruit du galop sur la mousse : en levant les yeux, elle vit son cousin qui la regardait. C'était le même cadre et le même tableau. Rien n'y était changé; seulement, au lieu d'une enfant à peine développée, grêle, maladive, sans beauté et presque sans grâce, il y avait une blanche figure autour de laquelle commençait à voltiger le blond essaim des doux songes de la jeunesse. Ce n'était point encore la fleur éclose; mais le bouton avait entr'ouvert son enveloppe. Ce n'était pas l'aurore, mais l'aube blanchissait et la nature, près de s'éveiller, frissonnait sous les premiers baisers du matin. Maurice était descendu de cheval. Il se hâta d'embrasser sa cousine et de lui dire adieu ; puis, s'étant remis en selle, il poursuivit sa route, sans se douter, hélas ! qu'il laissait derrière lui le bonheur.

Après qu'il eut disparu au détour de l'allée, Madeleine reprit le chemin du château. Lorsqu'elle entra dans le salon, le chevalier était assis au coin de son foyer désert. Elle alla s'accouder tristement sur le dos du fauteuil où se tenait le vieillard dans une attitude affaissée, et demeura quelques instants à le contempler en silence.

— Mon père, dit-elle enfin en penchant vers lui sa blonde tête, mon père, il vous reste une fille.

Le chevalier sourit et l'attira doucement sur son cœur.

## IV

Après le départ de Maurice, Madeleine devint toute la joie de Valtravers. Ce fut elle qui égaya de sa grâce toujours croissante le toit que n'animait plus la présence de ce jeune homme. On la vit, comme une jeune Antigone, redoubler, autour de son vieil oncle, de soins pieux et touchants ; quoique d'un cœur encore triste et d'un esprit plus réfléchi que ne le comportait son âge, elle sut, pour le distraire, s'oublier elle-même, et transformer sa gravité naturelle en sérénité souriante. Elle l'accompagnait dans toutes ses excursions, rôdait autour de lui quand il travaillait dans son atelier, lisait à haute voix ses journaux, ne se lassait point de lui faire répéter les récits de l'émigration, et ne manquait jamais surtout de s'extasier devant toutes les pièces de sculpture dont cet infatigable artiste encombrait tous les coins et recoins du château. En même temps, elle était la fille adorée, et bien véritablement adorable, de la marquise, qui lui enseignait la peinture et se plaisait à développer tout ce que Dieu avait mis en elle de charmant. C'est ainsi qu'entre ces deux vieillards, cette enfant acheva de grandir en talents et en vertus aimables. Trois ans après son arrivée, Madeleine était une bonne et belle créature, non pas, il est vrai, de cette beauté accomplie et de convention à laquelle semblent vouées irrévocablement toutes les héroïnes échappées du cerveau des romanciers et des poëtes. Ni grande ni petite, sa taille n'était pas absolument flexible comme un jonc. Un critique, épris du côté plastique de l'art, aurait bien trouvé quelque chose à reprendre dans l'ovale du visage. Les cheveux, qui avaient un peu bruni, n'auraient pu se comparer, avec la meilleure volonté du monde, ni au noir de l'ébène, ni à l'or des épis. Si la peau avait cette mate blancheur du camélia, qui défie les morsures du soleil et de l'air, les yeux n'étaient pas d'un azur bien franc ni bien chaud. Si les dents, rangées comme les perles d'un collier, avait le limpide éclat de la nacre, la bouche était bien un peu grande, les lèvres étaient bien un peu fortes; enfin, les cils, en s'abaissant, ne tombaient pas sur la joue comme les franges d'un gonfanon, et, pour tout dire, la ligne du nez ne rappelait que vaguement le nez droit des races royales. Toujours est-il qu'ainsi faites, la figure et toute la personne formaient un suave ensemble, où ces imperfections de détail se fondaient et s'harmonisaient si bien, que chacune d'elles paraissait être une séduction et un charme de plus. J'aime ces beautés moins correctes que sympathiques où le cœur se prend avant les yeux, et qui, sans rien avoir de ce qui éblouit et fascine à la première vue, sont toujours prêtes à révéler, à qui sait les comprendre, quelque grâce imprévue et quelque enchantement nouveau. Bien qu'elle s'occupât d'administration domestique, et qu'elle fût chargée de veiller au bon ordre de la maison, la sagesse et la raison précoces qu'elle y apportait n'excluaient chez Madeleine ni la distinction, ni la poésie, ni même un certain tour d'esprit romanesque et rêveur qu'elle tenait à la fois de sa mère, de l'Allemagne et de Dieu. C'était, en résumé, une fille agréable à voir, dans toute la fleur de la jeunesse et de la santé, riche nature bien venue et bien épanouie, répandant sans bruit autour d'elle le mouvement, le bonheur et la vie.

On peut se faire aisément une idée de l'attitude de Madeleine entre la marquise et le chevalier. Elle était le sourire de leur vieillesse, et comme un doux rayon qui éclairait la fin de leurs jours. Mêlées et confondues, ces trois existences coulaient à flots lents et paisibles, et rien ne donnait à penser que la limpidité transparente dût jamais en être altérée. Il advint pourtant que ses flots si purs se troublèrent.

Les lettres de Maurice étaient d'abord arrivées pleines de charme et de poésie, fraîches et parfumées comme autant de bouquets cueillis dans la rosée des champs. C'est ainsi qu'on écrit à cet âge heureux, trop vite envolé. A l'heure pâlissante où la vie déjà commence à décliner, avez-vous parfois retrouvé au fond d'un vieux tiroir de famille quelques-unes des lettres de votre jeunesse? Vous êtes-vous surpris à les relire? En les lisant, avez-vous vu passer à travers vos pleurs l'image de vos belles années? Par un retour amer sur l'état présent de votre cœur, vous êtes-vous demandé si c'était bien de cette même source, aujourd'hui près de se tarir, qu'avaient pu s'épancher tous ces trésors d'enthousiasme et de foi, de grâce et de vertu, d'expansion et d'amour? C'était de ces lettres-là qu'écrivait Maurice à vingt ans.

Les jours de courrier étaient donc jour de fête à Valtravers. Du plus loin qu'elle voyait venir le facteur rural, Madeleine courait à sa rencontre, et revenait triomphante au château. Ordinairement c'était elle qui lisait à haute voix les lettres de son cousin. Lorsqu'elle y trouvait son nom, ce qui n'arrivait pas toujours, on aurait pu voir son sein s'agiter et une teinte rosée, presque imperceptible, colorer un instant l'albâtre de son visage. S'il n'était pas question de la petite cousine, ce qui arrivait souvent, elle n'en paraissait ni surprise ni attristée, seulement on aurait pu remarquer qu'elle était plus grave et plus silencieuse le reste de la journée. Ces lettres de Maurice faisaient vibrer à la fois toutes les fibres du bon chevalier, qui pouvait y suivre, à travers les élans d'une tendresse passionnée, les développements d'un esprit élevé et d'une vive intelligence. D'autre part quelques vieux amis qu'il avait à Paris écrivaient pour le féliciter, exaltant son fils à l'envi et contant de lui des merveilles. Tout allait pour le mieux ; on s'entretenait déjà des joies du retour.

Mais voici qu'au bout d'un an, les lettres de notre jeune ami devinrent de plus en plus rares et courtes, de moins en moins affectueuses et tendres. Vagues dans la pensée, contraintes dans l'expression, elles trahissaient évidemment un grand trouble des sens et de l'âme. La petite colonie commença par s'en affliger en silence; elle finit par s'en alarmer sérieusement et par s'en plaindre. Aux reproches indulgents qu'on lui adressa, Maurice ne sut opposer que des réponses évasives. Le terme fixé à son séjour à Paris était depuis longtemps expiré; cependant Maurice ne se montrait nullement disposé à partir, ainsi qu'on l'avait décidé, soit pour l'Allemagne, soit pour l'Italie. Au chevalier qui l'en pressait, d'abord il ne répondit pas; puis, poussé à bout par l'insistance qu'y mettait son père, il répondit dans un langage peu contenu, où perçait l'impatience du frein. Si les vieux amis écrivaient encore, c'était pour exprimer le regret de ne plus voir Maurice comme par le passé. Enfin quelques obus vinrent de loin en loin éclater, sous forme de lettres de change, sur l'honnête manoir, frappé d'une morne épouvante. Ces choses ne s'étaient pas accomplies en une semaine, ni même en un mois. Toutefois il leur avait fallu moins de trois ans pour en venir au point que nous disons.

Ce n'est pas tout. Si, grâce aux prétextes plus ou moins spécieux dont Maurice cherchait encore à colorer ses égarements, M. de Valtravers avait pu garder quelques illusions sur la conduite de son fils, les bonnes âmes dont les départements foisonnent n'auraient point manqué de les lui enlever. Comme c'était un parfait gentilhomme, dans la belle acception de ce mot devenu si commun depuis que la chose est si rare, généreux, accessible à tous, esprit charmant, noble cœur, caractère loyal, le chevalier se trouvait avoir naturellement beaucoup d'ennemis dans la contrée, non parmi ses paysans, qui le chérissaient, mais, par exemple, à la cité voisine, où quelques huissiers et quelques avocats, piliers d'estaminet, coryphées du libéralisme et vermine de la province, ne lui pardonnaient pas d'être rentré dans ses domaines et d'avoir pu réussir à s'y faire aimer. Or toute la ville savait depuis longtemps à quoi s'en tenir sur l'existence que le jeune de Valtravers menait à Paris ; car la province est une bonne mère qui n'abandonne point ses fils absents ;

elle les suit à travers la vie d'un œil avide, curieux et jaloux, toujours prête à accabler ceux qui tombent pour se venger de ceux qui s'élèvent. En général, si vous voulez jeter le désespoir et la consternation dans le repaire d'humains qui vous a vu naître où grandir, arrivez, tête haute et par le droit chemin, aux succès, aux honneurs ou à la fortune. S'il vous plaît, au contraire, d'y répandre une douce allégresse, fourvoyez-vous, et que vos vertueux concitoyens puissent pleurer sur votre ruine. Quand nos concitoyens pleurent sur nous, c'est qu'ils ont bonne envie de rire.

A ce compte, Maurice était, en peu de temps, devenu pour la ville en question un merveilleux sujet de scandale public et de satisfaction intérieure. Traîtreusement cachée sous le manteau de la pitié, la haine s'en donna à cœur joie. On ne ménagea au chevalier ni les avertissements charitables, ni les compliments de condoléance hypocrite ; les lettres anonymes firent le reste.

La marquise dévorait ses larmes ; le chevalier dépérissait à vue d'œil. C'en était fait depuis longtemps de tout bonheur sous le toit de ces vieux amis. Madeleine allait de l'un à l'autre comme un ange consolateur. Elle défendait Maurice et parlait encore du prochain retour de l'enfant prodigue ; mais elle-même n'y croyait plus, et bien souvent elle se cachait pour pleurer. On vit bien que le bon chevalier était sérieusement atteint, car après avoir commencé par négliger la scuplture en bois, il finit par l'abandonner entièrement. Il n'avait plus goût à rien ; Madeleine seule avait le secret de dérider son front et d'amener sur ses lèvres un pâle sourire. Il lui disait parfois : « Il faut pourtant bien, pauvre enfant, que je m'occupe avant de mourir d'assurer ta chère destinée ; car, du train dont il y va, ce n'est pas Maurice qui veillerait sur toi quand je ne serai plus. — Allez, allez, mon père, répondait Madeleine, ne vous inquiétez pas de cela. Je ne veux rien que vous aimer ; je n'aurai besoin de rien quand vous ne serez plus. Me voilà bien assez grande pour pouvoir veiller sur moi-même. J'ai bon courage, Dieu merci ! et ce que vous avez fait dans mon

Allemagne, vous et madame la marquise, eh bien, mon oncle, je le ferai dans votre France. Je travaillerai : pourquoi non ? » Le vieillard souriait en branlant doucement la tête. Un jour la jeune fille prit sur elle d'écrire en secret à son cousin. Ce dut être une lettre adorable ; Maurice n'y répondit pas. Quant au chevalier, il n'écrivait plus ; à peine permettait-il, vers les derniers temps, qu'on parlât devant lui de son fils. Comme il s'affaissait de plus en plus et qu'il sentait sa fin arriver, il se décida pourtant à pousser vers ce malheureux jeune homme un dernier cri d'amour et de désespoir.

La réponse fut lente à venir ; on l'attendit trois mois ; enfin elle arriva. C'est qu'absent de Paris depuis près d'un an, en voyage on ne sait où, ni en compagnie de qui, Maurice n'avait pu recevoir qu'à son retour les derniers avis de son père. Dieu soit loué ! ce jeune homme revenait à des sentiments meilleurs ; sa lettre en faisait foi. On y sentait la détresse d'une âme déchue, mais qui, par un suprême effort, tend à se relever. Il embrassait les genoux de son vieil ami ; il couvrait de pleurs et de baisers les mains de la marquise ; Madeleine elle-même se trouvait mêlée aux effusions de son repentir. Il ne demandait que quelques semaines pour achever de rompre les mauvais liens. Dans quelques semaines, il partait ; il disait un éternel adieu au monde qui l'avait égaré ; battu par la tempête, il rentrait au port pour ne plus le quitter. — Toit paternel, je vais donc te revoir ! Je te reviens donc, doux nid de mon enfance ! Aimables compagnons de mes jeunes ans, je vais donc vous presser sur mon cœur ! vous aussi, petite cousine, bien grandie, bien embellie sans doute ! — Exaltée par ces vives images, son imagination avait retrouvé pour un instant la grâce et la fraîcheur de la jeunesse. Malheureusement, quand cette lettre arriva au château, il y avait vingt-quatre heures que le chevalier n'était plus. Il s'était éteint la veille, près de la fenêtre où l'on avait roulé son fauteuil, entre la marquise et Madeleine qui chacune lui tenaient une main.

Le jour même des funérailles, après que la

terre eut recouvert tout ce qui restait ici-bas de cet être excellent que le hasard avait fait gentilhomme, et qu'avaient fait homme le travail et la pauvreté, la marquise emmena Madeleine, orpheline pour la deuxième fois.

— Mon enfant, lui dit-elle, ton œuvre n'est point accomplie. Tu dois encore m'aider à mourir et me fermer les yeux.

— Elles se jetèrent dans les bras l'une de l'autre et demeurèrent longtemps embrassées.

— Ah! s'écria la marquise, puisque tu m'as rendu ma fille, il est bien juste que je te tienne lieu de mère.

A partir de ce jour, Madeleine vécut au château de Fresnes. Une semaine avant d'expirer, le chevalier avait remis à la marquise un bout de testament olographe par lequel il léguait à sa nièce sa métairie du Coudray, d'une valeur de quatre-vingts à cent mille francs. Ce testament était conçu en termes affectueux et touchants : toute l'exquise délicatesse du testateur s'y révélait en quelques lignes adorables. Quand, pour rassurer sans doute Madeleine sur son avenir, madame de Fresnes lui confia ce gage précieux de la tendresse de son oncle, par un mouvement de pieuse reconnaissance, la jeune fille le pressa sur ses lèvres et contre son cœur; puis, après l'avoir déchiré, elle en glissa religieusement les débris dans son sein.

— Eh! ma fille, qu'as-tu fait là? s'écria la marquise, éperdue en apparence, charmée en réalité.

— C'est vous, noble cœur, qui le demandez? répondit en souriant Madeleine. Je ne sais rien de la vie de Maurice; je sens seulement que ce jeune homme doit avoir besoin de toutes ses ressources, et ce serait mal reconnaître les bienfaits du père que de frustrer le fils d'une part de son bien. Soyez sûre, mon amie, que ce que j'ai fait est bien fait. Vous n'eussiez pas agi autrement à ma place.

— Mais, pauvre enfant, tu n'as rien. Je ne te conseille pas de faire grand fond sur le dévouement de Maurice. Moi partie, et je n'ai plus longtemps à rester sur la terre, chère enfant, que deviendras-tu?

— Ce qu'on devient lorsqu'on n'a que son courage et sa bonne volonté. Ne suis-je pas, grâce à vos leçons, aussi riche que vous l'étiez vous-même en arrivant à Nuremberg ? J'espère que Dieu qui vous vint alors en aide ne m'abandonnera pas, et je ferai mon nid comme vous avez fait le vôtre.

— Eh! bien, tu es une brave fille, aussi bonne que belle, ajouta la marquise en prenant brusquement entre ses deux mains blanches et sèches la tête de Madeleine, qu'elle baisa coup sur coup sur le front et sur les cheveux.

On attendait de jour en jour Maurice, que la mort de son père avait frappé comme un coup de foudre. Les semaines, les mois s'écoulèrent; Maurice ne revint pas. On apprit bientôt qu'il avait envoyé sa procuration, et que son fondé de pouvoir s'occupait de régler les affaires que les morts suscitent aux vivants. Il avait tout d'abord écrit à sa cousine une lettre sans trop d'effusion, convenable pourtant, dans laquelle il lui offrait, sans enthousiasme ni mauvaise grâce, une assez large part dans la succession de son père, précisément cette métairie du Coudray à laquelle l'orpheline venait généreusement de renoncer, si bien qu'à son insu Maurice se trouvait offrir à Madeleine ce que celle-ci lui donnait. La jeune fille répondit simplement que, retirée près de madame de Fresnes, elle n'avait besoin de rien absolument. Le jeune homme n'insista pas. Qu'avait-il fait cependant de ses bonnes résolutions? Retenu par le respect et par les remords, peut-être n'osait-il encore affronter la vue d'une tombe qu'il pouvait, sans trop de rigueur, s'accuser d'avoir lui-même creusée avant l'heure. On lui savait gré de cette réserve; on ne doutait pas qu'il n'apportât plus tard à Valtravers l'offrande de ses expiations.

Pendant qu'à Fresnes on se berçait naïvement de ce dernier espoir, à quelques pas de là les hypothèques tombaient comme grêle. Un an tout au plus s'était écoulé depuis la mort du chevalier, quand se répandit dans le pays la nouvelle que le domaine et le château de Valtravers allaient être vendus aux enchères. La marquise et Madeleine refusèrent nettement d'y croire et crièrent à la calomnie, comme elles avaient déjà fait toutes les fois qu'il s'était agi de défendre Maurice contre les bruits de la province. Un jour, cependant, qu'elles se promenaient ensemble dans la forêt, causant du cruel et cher absent, car, tout en le maudissant, elles ne pouvaient encore s'empêcher de l'aimer, elles aperçurent à travers les barreaux de la grille du parc, groupés çà et là sur les marches du perron, bon nombre de serviteurs et de paysans qui parlaient vivement entre eux et se regardaient d'un air consterné. Moitié par pressentiment, moitié par curiosité, toutes deux s'avancèrent vers le manoir, où elles faisaient d'ailleurs de fréquents pèlerinages.

— Ah! madame la marquise! ah! mademoiselle Madeleine! s'écrièrent-ils tous ensemble quand elles se furent approchées ; ah! quel grand malheur pour nous tous! Le tonnerre est tombé sur nos têtes ; c'est la ruine de notre pauvre vie.

— Qu'y a-t-il, mes enfants? qu'est-il arrivé?

qu'avez-vous? demanda madame de Fresnes.

— Voyez, voyez! madame la marquise. Qu'en doit penser au ciel notre bon maître, M. le chevalier?

Et d'un geste effaré ils montrèrent la porte et la façade du château déshonorées par d'immenses placards aux écussons du fisc. Le doute n'était plus permis : c'étaient les affiches de vente.

Madeleine baissa la tête, et deux larmes silencieuses roulèrent le long de ses joues. Jusqu'alors elle n'avait pas compris grand'chose à ce qu'on appelait autour d'elle les désordres et les égarements de Maurice. Aussi, dans son for intérieur, l'avait-elle toujours absous. Cette fois, tous ses nobles instincts révoltés lui crièrent impitoyablement que ce jeune homme était perdu. Pour la marquise, elle sentit monter à son front tout le sang de son cœur indigné, de ce cœur que l'âge n'avait pas refroidi, toujours jeune et toujours brûlant.

— Non, mes enfants, non, s'écria-t-elle résolûment, tant que je vivrai, ce domaine et ce

château ne deviendront pas la proie des loups-
cerviers de la bande noire. Je ne permettrai pas
qu'une si grande joie soit donnée aux sots et
aux méchants. Rassurez-vous donc, mes amis.
Vous resterez comme par le passé, vous dans
vos fermes où vous êtes nés, vous dans cette
maison où vous avez grandi. Rien ne sera
changé dans votre existence ; recevez-en ma
parole et allez bien vite consoler vos femmes et
vos enfants.

Là-dessus, sans plus de retard, elle envoya
quérir son notaire et lui remit les titres de rentes
qui représentaient la meilleure partie de sa fortune, moyennant quoi, il devait, au jour de la
vente, couvrir toutes les enchères. La marquise
se réveilla donc un beau matin propriétaire légitime du domaine de Valtravers, ce qui ne
changea rien à ses habitudes, puisqu'elle continua de vivre avec Madeleine dans le château de
Fresnes, où sa fille était morte, où elle voulait
mourir.

Hélas ! ce fut le dernier coup de tête de l'aimable et bien-aimée marquise. Depuis long-

temps déjà elle se sentait doucement mais irrésistiblement attirée par l'âme impatiente de son vieux compagnon.

— Que veux-tu ? disait-elle parfois à Madeleine, nous ne nous étions jamais quittés. Sans parler du marquis que tu n'as point connu, je jurerais que mon pauvre chevalier s'ennuie là-haut de ne pas me voir. C'est mal à moi de l'avoir fait attendre si longtemps. Par exemple, ce qui m'embarrasse un peu, c'est de savoir ce que je lui répondrai lorsqu'il me demandera des nouvelles de son fils.

La veille de sa mort, en se réveillant d'un long assoupissement, madame de Fresnes se tourna vers Madeleine, qui se tenait assise à son chevet, et elle lui dit : — Je viens de faire un rêve étrange que je veux te raconter. Je voyais Maurice au fond d'un gouffre. De hideux reptiles rampaient et sifflaient à ses pieds, et le malheureux enfant s'épuisait en efforts désespérés pour remonter à la clarté du jour. Je voulais courir à son aide, mais je sentais mes pieds rivés au sol, et je tendais vers lui mes deux bras impuissants, quand tout d'un coup je te vis venir de loin, calme et sereine. Arrivée au bord de l'abîme, après avoir dénoué l'écharpe blanche qui entourait ton cou et qui flottait sur tes épaules, tu la jetas en souriant à Maurice, qui la saisit, tu le ramenas sans effort, et il m'apparut radieux et transfiguré. Voilà mon rêve : qu'en penses-tu, ma fille ?

Un pâle rayon effleura les lèvres de Madeleine, qui demeura pensive et ne répondit pas. La marquise mourut le lendemain, ou, pour mieux dire, elle s'éteignit entre les bras de la jeune Allemande, tant sa belle âme passa doucement à travers un dernier sourire.

— Petite, avait-elle dit assez gaiement quelques heures avant d'expirer, je ne t'ai pas oubliée dans mon testament. Puisque tu as du goût pour la miniature, je t'ai légué mes couleurs et mes pinceaux. Tâche avec cela de trouver un mari.

En effet, à l'ouverture du testament, Madeleine reconnut que madame de Fresnes avait dit vrai. Seulement, à ce petits legs la marquise avait ajouté le domaine et le château de Valtravers, laissant encore une assez belle part à ses héritiers naturels, qui n'en avaient d'ailleurs aucun besoin.

C'est ainsi que cette jeune et belle personne put rentrer en souveraine dans cette maison où, par un soir d'automne, cinq ans auparavant, elle s'était présentée, son petit paquet sous le bras.

## V

Moins enivrée qu'on pourrait le croire de sa nouvelle position, Madeleine rentra pieusement dans ce château où tous les serviteurs qui l'avaient vue grandir et qui l'aimaient la reçurent à l'égal d'une jeune reine. Elle y vécut comme par le passé, modestement, sans ostentation, uniquement préoccupée des êtres confiés à ses soins. Son autorité ne se révéla que par la profusion des bienfaits qu'elle répandit autour d'elle; autrement il eût été difficile de soupçonner l'accroissement de sa fortune : on eût dit encore la petite orpheline recueillie par la charité de son oncle. Elle avait déclaré tout d'abord qu'elle entendait que rien ne fût changé à l'ancien train de vie de la maison, et que toutes les habitudes du bon chevalier fussent respectées, absolument comme s'il ne fût pas mort et qu'il dût revenir d'un instant à l'autre. Pour sa part, elle n'avait pas voulu d'autre appartement que la chambrette où s'étaient écoulés les derniers jours de son adolescence et les premières années de sa jeunesse. Lorsqu'on venait prendre ses ordres sur quelque chose d'un peu sérieux, elle ne manquait jamais de se consulter avec ses gens pour savoir ce qu'en pareille circonstance aurait décidé M. le chevalier. S'il lui arrivait de conseiller ou de réprimander (ce dernier cas était bien rare), elle s'y préparait toujours par quelque phrase pareille à celle-ci : — Je crois, mes enfants, que voici ce qu'aurait dit ou fait votre excellent maître, M. le chevalier. — Elle répétait souvent que la meilleure manière d'honorer la mémoire des êtres que nous avons aimés est de ne rien faire de ce qui aurait pu les affliger, et de se demander avant d'agir ce qu'ils en penseraient, s'ils étaient encore présents. Enfin, lorsqu'elle parlait de Maurice, ce n'était qu'avec respect et comme d'un jeune roi dont elle administrait le royaume pendant sa minorité. Elle était moins reine que régente.

Le bruit de sa prospérité s'étant répandu dans le pays, les épouseurs n'avaient pas tardé à se présenter. Valtravers était devenu comme une Mecque ou comme un saint sépulcre désigné à la piété fervente de tous les célibataires du département. Pendant quelques mois on put voir une longue file de ces pèlerins se dirigeant vers le saint lieu pour y faire leurs dévotions. Petits hobereaux, gentillâtres ruinés, fils de famille, garçons jeunes et vieux ; qui dans sa carriole d'osier, qui sur ses pattes de héron, qui sur une rosse efflanquée, ils accoururent de tous les points de l'horizon en récitant leurs patenôtres. Quoique sérieuse et réfléchie, Madeleine avait cette bonne et franche gaieté qui procède naturellement d'une conscience pure, d'un cœur droit et d'un esprit sain. Elle répondit à ces fidèles que c'était un spectacle édifiant de voir qu'une pauvre orpheline fût devenue tout d'un coup l'objet d'un culte si pur, d'un empressement si désintéressé. Elle s'était bien laissé dire en Allemagne que la France était la patrie des âmes pieuses et des cœurs généreux, mais elle n'avait pas soupçonné jusqu'ici qu'on y poussât si loin la religion de l'infortune. Touchée jusqu'aux larmes, elle n'avait qu'un regret, c'était de se trouver assez heureuse dans son humble condition pour ne pas vouloir l'échanger contre le rare honneur qu'on venait lui offrir. Ainsi se virent congédiés tour à tour ces dévots et pieux personnages.

Au demeurant, Madeleine avait toujours sérieusement répondu dans le même sens, toutes les fois que le chevalier ou la marquise l'avaient pressée de se marier. Cette enfant avait décidé qu'elle ne se marierait pas. Si tel était son goût, je l'approuve, n'ayant jamais compris le petit ridicule qui s'attache aux filles vieillies dans le célibat. Ne semblerait-il pas qu'un mari soit une denrée à la fois si indispensable et si rare qu'on ne puisse s'en passer, et qu'en même temps on coure le risque de n'en point trouver ? Il n'est guère de laide ou pauvre créature qui n'en ait recontré sur sa route; mais j'estime celle qui s'est résignée à vieillir dans la solitude plutôt que de consentir à mésallier son cœur ou son esprit.

Débarrassée de ses prétendants, Madeleine continua de vivre dans la retraite, partageant ses jours entre les soins de son petit empire, l'exercice de la bienfaisance et la culture des arts qu'elle aimait. Elle avait exhumé de la bibliothèque de son oncle quelques bons vieux livres qui achevèrent de mûrir son intelligence. Dans sa gravité souriante, dans sa beauté calme et sereine, elle représentait à vingt et un ans la grâce et la raison, le bon sens et la poésie, pareille aux fleurs qui pompent le suc de la terre par les racines de leur tige, et qui boivent en même temps dans leur calice embaumé la rosée du ciel. Elle était pieuse aussi, et chaque dimanche elle allait entendre la messe à Neuvy-les-Bois. Elle visitait volontiers ce méchant village qui l'avait vue si délaissée, où maintenant elle avait ses pauvres et ses orphelins qui la bénissaient. A la sortie de l'église, elle oubliait rarement d'entrer chez la bonne fermière qui lui avait charitablement offert de goûter le lait de ses vaches. Quant à M. Pierrot, elle ne put jamais réussir à l'apprivoiser. Soit qu'en sa présence il se sentît bourrelé de remords, soit plutôt dans la crainte qu'elle ne lui réclamât la pièce d'argent qu'il avait si bien gagnée, le drôle se sauvait à toutes jambes du plus loin qu'il l'apercevait.

Quand les teintes funèbres que la mort laisse après elle se furent dissipées autour de Madeleine, quand le temps eut changé en ombres souriantes les spectres de sa douleur, cette jeune fille aurait pu s'estimer heureuse entre toutes, sans une préoccupation incessante qui l'obsédait au sein de son bonheur. Que faisait Maurice ? que devenait-il ? Depuis la mort de son père, il n'avait donné signe de vie que par l'éclat de ses désordres toujours croissants. Avant de prendre possession de Valtravers, cédant à l'entraînement d'une délicatesse adorable, que les esprits élevés n'auront pas de peine à deviner, et que les natures médiocres s'épuiseraient vainement à comprendre, Madeleine lui avait écrit pour s'excuser de sa fortune. Cette lettre, qu'il avait dû porter respectueusement à ses lèvres, à moins qu'il ne fût déjà mort à tout sentiment de vertu, était demeurée sans réponse. Et cependant, malgré tant de raisons pour le repousser de son cœur, quoi qu'il eût fait et quoi qu'on eût dit, Madeleine cherchait encore ce malheureux jeune homme d'une pensée inquiète et troublée ; elle le retrouvait dans ses rêves tel qu'il était le soir d'automne où pour la première fois il lui avait ouvert la porte hospitalière. Elle n'était alors qu'une fillette ; mais, à cet âge où nous autres hommes nous ne faisons qu'échapper aux amusements du berceau, on ne sait pas ce qui germe déjà dans ces cœurs de quinze ans. Les filles n'ont point d'enfance ; et, si jeune que soit sa femme, à moins de l'avoir vue naître et grandir, il n'est pas un mari qui doive se flatter d'avoir recueilli le premier parfum de son âme.

Dieu, qui voit le diamant se former dans les entrailles de la terre et la perle éclore dans le gouffre de l'Océan, Dieu seul a pu savoir ce qui se passa dans le sein de cette enfant depuis la première rencontre. Madeleine avait longtemps refusé de croire que Maurice fût tombé aussi bas qu'on l'assurait. Longtemps elle l'avait défendu contre tous, même contre son père si indulgent, contre la marquise si bonne. Enfin, lorsque, après avoir vu les jours du chevalier abrégés et le domaine des aïeux vendu publiquement aux enchères, elle avait dû se rendre à l'évidence, ce jeune homme n'en était pas moins resté la secrète pensée, le roman caché de sa vie. Ces préoccupations avaient redoublé d'intensité depuis que Madeleine, rentrée à Valtravers, retrouvait à chaque pas les traces vives de cette jeunesse qu'elle avait connue déjà si impétueuse, mais si charmante encore en ses ardeurs. Dans l'appartement qu'il avait habité, rien n'était changé depuis son départ. Elle y passait souvent de longues heures, tristes parfois et parfois enchantées. Dans le parc, elle s'asseyait sous les arbres qu'il avait plantés. Traversait-elle la cour du château, les chiens de chasse accou-

raient lui lécher les mains. Gagnait-elle les
bords de la Vienne, par-dessus les haies elle
apercevait les chevaux qu'il avait montés, et qui
paissaient en liberté dans les grasses prairies. La
forêt entière n'était remplie que de sa seule
image. Il avait sculpté lui-même les boiseries
de chêne de la salle à manger. Ce n'est pas tout,
il y avait à Valtravers une bonne et brave créature, qui n'avait jamais quitté le manoir, où elle
était née presqu'en même temps que Maurice.
Ils avaient sucé tous deux le même lait, ce qui
dans nos provinces, établit toujours entre enfants une espèce de fraternité. Le chevalier, qui
l'aimait, avait fait donner une sorte d'éducation
à cette fille, qui avait eu le rare esprit d'en profiter peu et de demeurer tout bonnement ce que
la nature l'avait faite, propre, active, alerte,
avenante, ayant son franc parler, réjouissant la
vue par sa belle santé, et rappelant de loin Do-
rine et Marinette. On ne lui connaissait guère
d'autre défaut que d'être quelquefois trop
bruyante dans l'effusion de ses sentiments, naturellement exaltés. Ce n'était pas de l'amour

qu'elle avait pour son frère de lait, c'était une adoration véritable. Elle trouvait tout simple qu'il eût mangé son bien suivant ses goûts, et ne s'étonnait que d'une chose : c'était qu'on se permît de s'en étonner. Au lieu de le vendre, il eût mis le feu au château de son père, qu'Ursule aurait sans hésiter déclaré le trait admirable. Il eût fait rôtir ses fermiers en manière de distraction, qu'elle eût jugé le cas tout au plus singulier. Elle s'était prise tout d'abord pour Madeleine d'une affection à peu près pareille. Aussitôt qu'elle avait appris qu'une petite Allemande, orpheline, cousine de Maurice, venait d'arriver au château, elle était accourue, s'était jetée sur elle, et avait failli la noyer dans ses larmes. Elle était belle, surtout quand serviteurs ou gens de fermes s'avisaient de paraître douter devant elle des vertus du jeune chevalier. Une tape par-ci, un soufflet par-là, cela ne lui coûtait pas : elle avait le poing ferme ; les plus hardis n'osaient s'y frotter. Madeleine se plaisait à causer avec elle. Quel charme l'y poussait ? il n'est pas besoin de le dire. Comme Ursule, do son côté, n'avait pas de plus grand bonheur que de parler de son jeune maître, tout se trouvait aller pour le mieux. Il ne se passait guère de jours où Madeleine ne la fît appeler. Une fois assises toutes deux dans l'embrasure d'une fenêtre, l'une brodant, l'autre faisant des reprises, on en venait vite à Maurice. Ursule racontait d'abord les premières années de ce jeune homme. C'était toujours la même chose ; mais ce que l'une ne se lassait pas d'entendre, l'autre ne se lassait pas de le répéter. En remontant le cours des souvenirs, insensiblement on arrivait à l'heure présente. Ursule représentait son frère de lait comme un agneau sans tache : elle prédisait son prochain retour. Madeleine secouait la tête. Cependant la métairie du Coudray n'avait pas été mise en vente ; Maurice n'avait donc pas dit au pays un éternel adieu.

Ce dernier espoir se brisa. On apprit un jour que le Coudray était en vente ; et comme un malheur ne marche jamais seul, le même jour, un événement plus imprévu jeta le trouble et la consternation dans la petite colonie. Un homme de loi vint signifier à Madeleine qu'un neveu de madame de Fresnes, qu'on croyait mort depuis plusieurs années, avait reparu dans la contrée, qu'il attaquait le testament de sa tante, et qu'à partir de ce jour les hostilités commençaient.

A quelque temps de là, Madeleine se promenait un soir dans les allées du parc. Elle marchait lentement, seule et triste, préoccupée. Quoiqu'il fût impossible de prévoir l'issue du procès entamé, bien qu'elle répugnât aux soucis flétrissants qu'entraînent ces sortes d'affaires, ce n'était pourtant pas le soin de sa fortune qui l'agitait ainsi. Son premier mouvement avait été de sortir tête levée de ce château ; si elle s'était résignée à défendre ses droits, ce n'avait été que par respect pour la mémoire de ses bienfaiteurs. Maintenant, quoi qu'il arrivât, elle avait fait son devoir. Le reste ne l'inquiétait pas. Que lui importait désormais ce manoir où Maurice ne reviendrait jamais? Elle ne l'avait jamais considéré que comme la propriété de son cousin ; durant près de trois ans, ç'avait été le rêve de sa vie et la joie de son âme de penser qu'un jour viendrait où l'enfant prodigue serait réintégré par elle dans le domaine de ses pères.

Lui, cependant, que faisait-il? Au tournant d'une allée, Madeleine le vit devant elle. C'était bien lui, c'était Maurice ; mais si pâle et si changé, qu'on eût dit le spectre de ce jeune homme. Hélas! il n'était plus, en effet, que le spectre de lui-même. Madeleine, éperdue, voulut se jeter dans ses bras ; son émotion échoua contre l'attitude glacée de cette morne figure. Après avoir fait remarquer que la soirée était fraîche, il offrit à sa cousine de la reconduire au château. Tandis qu'à son bras tremblait Madeleine, il marchait d'un pas assuré. Il monta sans hésiter les degrés du perron. Seulement, lorsqu'il entra dans le salon et que Madeleine lui dit : C'est ici que votre père est mort! ses jambes parurent fléchir, il cacha sa face entre ses mains. — Ah! te voilà, toi! dit-il à Ursule, qui l'étouffait de ses embrassements. Après quelques compliments banals à l'adresse de sa cousine, il raconta que, près de partir pour un long voyage d'où il espérait ne pas revenir, il avait voulu revoir une dernière fois la maison de son père et dire adieu à tout ce qu'il avait aimé. Au bout d'une heure il se retira dans sa chambre, la jeune fille ayant exigé qu'il ne cherchât pas d'autre gîte.

— Ah! le malheureux! ah! le malheureux! s'écria-t-elle en fondant en larmes et en éclatant en sanglots.

Pour Ursule, elle était changée en pierre.

Maurice, en venant à Valtravers, était décidé à n'y passer que quelques heures; il devait en repartir aussitôt et retourner à Paris, pour régler ses affaires et achever les préparatifs du long voyage qu'il méditait. Sur l'insistance de sa cousine, il consentit à demeurer quelques jours auprès d'elle. Pendant ce temps, Madeleine put observer les ravages qui s'étaient faits chez ce jeune homme, moins encore sur sa figure que dans son cœur et dans son esprit. Elle le vit souvent sombre, morne, railleur, rarement affectueux et bon. Il parut pourtant se préoccuper des intérêts de sa cousine. Un soir, pour l'acquit de sa conscience, il feuilleta du pouce les pièces du procès, estima l'affaire en bon chemin, et déclara, sans en rien savoir, que c'était chose jugée d'avance.

— C'est vous que cela regarde, mon cousin, lui dit la jeune fille en souriant.

— Moi, ma cousine!

— Ignorez-vous que, depuis la mort de votre père, ce domaine n'a pas changé de maître?

— O mon Dieu! ma cousine, répliqua Maurice d'un ton indifférent, vous feriez là de la générosité en pure perte. Il faut bien vous dire que je pourrais avoir tous les châteaux de France sans être pour cela plus heureux.

— Vous êtes donc malheureux, Maurice? demanda la jeune fille d'une voix si douce et si triste, qu'elle eût amolli un cœur de rocher.

— Moi, ma cousine! je suis le plus heureux des hommes.

Le lendemain, Madeleine apprit que Maurice était parti sans lui dire adieu. Il est vrai que, de retour à Paris, il lui écrivit pour s'excuser de ce brusque départ. Deux mois après, il écrivit encore. Ses préparatifs étaient achevés; dans quinze jours, il partait enfin. Sous une apparence railleuse, ces deux lettres se ressentaient du mauvais état de son âme. La dernière surtout respirait un sombre découragement et de plus sombres espérances. A la première, Madeleine s'était sentie triste jusqu'à la mort; à la seconde, elle fut frappée d'épouvante.

Pendant ce temps, la procédure allait son train; tous les pieux pèlerins dont Madeleine avait repoussé les vœux se réjouissaient déjà du mauvais tour que prenaient les affaires de la petite Allemande. Madeleine était seule à ne pas s'en préoccuper.

# VI

Ainsi qu'il l'avait annoncé, Maurice était prêt à partir pour un bien long voyage, en effet, puisque, de tous ceux qui sont partis pour le faire, pas un n'est encore revenu, et qu'à l'heure du départ, les plus intrépides ont senti leur cœur se glacer et leur front pâlir d'épouvante. Toutes ses dispositions étaient prises ; il ne lui restait plus qu'à dire un éternel adieu à ce monde qu'il allait quitter pour un monde meilleur, à ce qu'on assure et comme il est permis de le croire, sans trop présumer de la bonté de Dieu. Maurice était arrivé là par une pente insensible, mais sûre. C'est une histoire si connue, si commune, tant de fois déjà racontée par des voix plus éloquentes que la nôtre, qu'il suffira d'en esquisser les principaux traits.

Voyez ce jeune homme : il a vingt ans au plus. Il entre dans la vie qu'il n'a fait jusqu'ici qu'entrevoir à travers les songes enchantés de la solitude où il a grandi. Son enfance s'est écoulée à l'ombre du toit paternel, dans la profondeur des vallées. La nature l'a bercé sur son sein : Dieu n'a placé autour de lui que de nobles et pieux exemples. Le voici qui s'avance, escorté de tout le riant cortége que traîne la jeunesse après elle. La grâce réside sur son front : l'illusion habite dans son sein ; comme une fleur éclose sous le cristal de l'onde, au fond de son regard on voit la beauté de son âme. Il croit naïvement, sans efforts, à toutes les passions honnêtes, aux tendresses sans fin qui se perpétuent par delà le tombeau, aux serments échangés à la clarté des nuits sereines. Il n'a qu'une ambition, c'est l'amour. Eh b.en ! tandis que vous vous demandez sous quel souffle assez embaumé de si précieux trésors achèveront de s'épanouir, tandis que vous cherchez quelle est est la Béatrix dont la main assez pure osera cueillir cette virginité charmante, tout cela est déjà la proie de quelque cœur vicieux et corrompu. Les Béatrix n'arrivent jamais à temps, et lorsque enfin l'ange se présente, il ne lui reste plus qu'à glaner où le démon a moissonné.

Telle fut la première expérience que fit Maurice du monde et de la vie. Quelques femmes — elles sont rares — ont reçu du Ciel le don d'ennoblir et de féconder tout ce qui les approche : la douleur même qui nous vient d'elles est bénie. D'autres, au contraire, plus nombreuses, ont la funeste propriété de ces eaux qui pétrifient en peu de temps tous les objets déposés dans leur sein. Malheur, ah ! trois fois malheur au jeune homme confiant et crédule qui s'est pris au charme fatal, trop souvent répandu autour de ces créatures décevantes ! Maurice y perdit la meilleure portion de lui-même ; et, comme c'est le propre des âmes faibles et ardentes de toucher à tous les extrêmes, il sortit de là en insultant à l'humanité tout entière. S'il est de nobles cœurs qui se retrempent et se purifient dans le sang même de leurs blessures, il en est d'autres qui s'y aigrissent et finissent par s'y corrompre. Maurice n'imagina rien de mieux que de donner tête baissée dans cette sorte de philosophie railleuse qui consiste à persifler les sentiments qu'on appelle exaltés, et à considérer comme des chimères tout ce qui ne rentre pas dans le cercle des jouissances matérielles : philosophie d'antichambre, autrefois réservée aux valets dans les comédies, à l'usage des Frontin et des Gros-René, et dont certains beaux esprits de nos jours ont eu la prétention de faire la doctrine de la raison, la théorie du bon goût et de l'élégance. Ces âmes avortées n'ont d'autre occupation que de rabaisser à tous propos ce qui relève la nature humaine, estimant que les mots d'enthousiasme et de poésie, d'héroïsme et d'amour, de patrie et de liberté, n'ont été créés que pour servir à l'amusement de leur médiocrité. Maurice devint bientôt un des disciples les plus fervents de ce scepticisme moqueur. Une fois sur cette pente, on va vite. D'abord on se persuade aisément que ce n'est qu'un jeu, et en effet pendant longtemps ce n'est qu'un jeu. Quoi qu'on dise pour prouver le contraire, on a toujours en soi, dans toute leur virtualité, ces sentiments dont on fait si bon marché d'ailleurs. On sait qu'à l'occasion on les retrouvera, et qu'au premier appel un peu sérieux aucun d'eux ne fera défaut. On se repose là-dessus, et l'on ne s'aperçoit pas qu'à ces forfanteries de vice, à ces parades d'incrédulité, le sens moral se dégrade; on découvre, un beau matin, qu'à force de s'entendre railler et persifler, ces sentiments sur lesquels on comptait comme sur un corps de réserve ont pris le parti de plier bagage et de déloger sans bruit. Ainsi, après avoir commencé par valoir mieux au fond qu'on ne se plaisait à le laisser croire, on finit par être en réalité ce qu'on a voulu paraître.

Maurice se tournait encore de temps en temps vers Valtravers ; mais trop de liens l'enlaçaient et le pressaient de toutes parts. Une fois qu'on a mis le pied dans les broussailles de la vie, il n'est pas aisé d'en sortir. Les lettres de son père l'irritaient sourdement; quoique tendres et bien maternelles, les remontrances de la bonne marquise le faisaient sourire de pitié ou bondir comme un lion blessé. C'était fort la mode, parmi la jeunesse d'alors, de tenir en très-mince honneur ce qu'on avait autrefois la faiblesse de vénérer à Lacédémone. La Restauration finissait; on touchait à cette crise sociale qui s'annonçait comme devant changer la face du monde, et je ne sache pas qu'aucune époque ait poussé plus loin que celle-là le mépris de toute règle et l'absence de tout respect. A son insu, Maurice s'était imprégné de cet esprit de révolte qui courait dans l'air, et vers lequel le poussaient naturellement les ardeurs de son sang et la fougue de son caractère. Hélas! qu'il y avait déjà loin de ce jeune homme à celui que nous avons connu paré de tant de grâces et d'illusions, affectueux, charmant, bon pour tous! C'est qu'il en est de ces organisations poétiques et fragiles comme du verre, doux au toucher tant qu'il est intact, mais tranchant dès qu'il est brisé !

Cependant Maurice ne faisait que battre le pavé de Paris, manger son blé en herbe, et cultiver son intelligence tout juste assez pour n'avoir pas l'air d'être arrivé la veille du Congo. Au rebours des grands cœurs, qui, lorsqu'ils sont blessés profondément, s'enfoncent dans la solitude pour y guérir en silence ou pour achever d'y mourir, il s'était lancé à corps perdu dans le tourbillon des distractions vulgaires. Le désœuvrement et l'ennui qui succède aux orages de la passion l'y plongèrent chaque jour plus avant. Étrange remède aux plaies de l'âme, qui consiste à les laver avec la fange du ruisseau ! Il est à plaindre, le jeune homme qui ne sait pas respecter sa douleur ; il montre, en l'outrageant, qu'il ne méritait pas d'être heureux. Beau, généreux, prodigue, celui-ci ne tarda pas à se faire un nom dans ce monde équivoque, où se sont réfugiées les mœurs de la régence, moins l'élégance des manières et le charme du savoir-vivre. On parla de ses duels et de ses chevaux, de ses dettes et de ses succès dans les ruelles. De chute en chute, un jour il se rencontra face à face avec la débauche. Il regarda le monstre sans pâlir, et lui jeta le reste de sa jeunesse à dévorer.

Ce fut au milieu de ces désordres que le surprit la dernière lettre de son père. Cette lettre était belle et touchante, sans vaine colère ni puérile déclamation. Maurice, en la lisant, sentit, sous l'aiguillon du remords, se réveiller tous ses nobles instincts. A cette voix auguste et chère, ses sanglots éclatèrent, des larmes jaillirent de ses yeux, un cri d'amour sortit enfin de ce cœur depuis longtemps silencieux et fermé. Il allait partir, il partait, il s'arrachait aux funestes étreintes, quand il apprit que son père était mort. Jeunes et pleins de jours, trop souvent nous oublions au loin que les jours de notre père sont comptés ; nous remettons de mois en mois à nous acquitter en tendresse, et presque toujours c'est sur une tombe que nous apportons avec nos pleurs l'offrande d'une piété tardive.

Maurice fut atterré. Il eut la fièvre et le délire. Sous prétexte de le consoler, ses amis, disons mieux, ses complices, se pressèrent à son chevet, si bien que le coup qui semblait devoir achever de rompre les mauvais nœuds ne servit qu'à les resserrer plus étroitement que jamais. Que serait-il allé faire d'ailleurs à Valtravers? Après d'inutiles efforts pour le dompter et s'en rendre maître, il trouva plus commode de s'abandoner au flot bourbeux qui l'entraînait. C'est qu'il est rude à remonter, ce courant si facile à descendre ; c'est que le gouffre où il conduit a d'étranges fascinations, ignorées de ceux qui n'ont navigué que dans des eaux pures et paisibles. Cependant, de plus en plus menaçante, la réalité commençait à le harceler. Les embarras se multipliaient autour de lui, car le désordre des sentiments mène droit à tous les désordres. Pour apaiser l'hydre de la dette et combler l'abîme béant sous ses pieds, Maurice dut forcément se résigner à laisser vendre aux enchères le château où il était né et le domaine de ses pères. Bref, il en vint insensiblement à se mêler à ce groupe de roués émérites qu'on voit à Paris, sans patrimoine, sans carrière et sans position, jouant gros jeu, menant grand train, écrasant de leur fortune inexpliquée les honnêtes gens qu'ils méprisent et qui, Dieu merci ! le leur rendent bien.

Quoi qu'on puisse faire pour y échapper, il vient inévitablement une heure où, créancier impitoyable, la destinée frappe à notre porte, son mémoire à la main. Vainement, lorsqu'elle se présente, s'aviserait-on de vouloir renouveler la scène de don Juan avec M. Dimanche ; il faut bon gré, mal gré, s'exécuter et, séance tenante, régler ses comptes avec elle. On a dit, on a répété que l'homme est le jouet du hasard. Je ne connais pas, pour ma part, de logique plus serrée ni plus inflexible que celle de la vie humaine. Tout s'y lie, tout s'y enchaîne ; pour qui sait démêler les prémisses et attendre patiemment la conclusion, c'est bien certainement le plus rigoureux des syllogismes. Ainsi, pour Maurice, ce qui devait arriver arriva : l'heure fatale le surprit acculé dans une impasse, sans autre issue que le suicide ou le déshonneur.

C'était une âme pervertie, mais non pas une âme perverse. Au plus fort de ses débordements, on avait pu retrouver en lui le sceau de son origine et, quoique singulièrement altérée, l'empreinte d'une grandeur native. Dans un monde où la pauvreté de l'éducation se prélasse au milieu du luxe des ameublements, dans cette tourbe de parvenus où, comme dans *les Précieuses ridicules*, on peut voir des palefreniers se donnant des airs de marquis, ce jeune homme avait apporté, lui du moins, des façons élégantes et chevaleresques, un esprit aventureux et fier. Dans la nuit profonde où il s'était égaré, il avait jeté de magnifiques éclairs. Entre les deux issues qui lui étaient offertes, il n'hésita pas. Depuis longtemps d'ailleurs son suicide moral était accompli : il ne lui restait plus qu'à s'ensevelir ; et le morne ennui qui le consumait, le dégoût qu'il avait de lui-même plus encore que de toutes choses, devaient le pousser tôt ou tard vers ce vulgaire dénoûment, facile à prévoir dans une époque où il n'était pas rare de rencontrer des enfants de vingt ans qui désespéraient de la vie.

Sa résolution une fois prise, trop fier jusque dans son abaissement pour consentir à quitter l'existence comme un débiteur insolvable qui s'enfuit devant les huissiers, il fit vendre sa métairie du Coudray, à laquelle il s'était abstenu de toucher, uniquement en vue de Madeleine ; car, bien qu'il n'eût gardé dans son sein qu'une image effacée de sa cousine, il avait pourtant prévu le cas où cette enfant serait tombée dans la pauvreté. Rassuré là-dessus, puisqu'il savait que Madeleine possédait en propriété légitime le domaine de Valtravers, il aliéna, pour acquitter les nouvelles dettes qu'il avait contractées, l'unique et dernier débris de l'héritage paternel ; puis, par ce vague besoin d'émotions qui ne s'éteint jamais en nous, il voulut revoir, avant de mourir, le coin de terre où il était né.

Ce retour au lieu natal, sur lequel il avait compté peut-être pour raviver en lui la jeunesse, ne servit qu'à lui montrer dans toute sa stérile nudité l'appauvrissement de son être. A peine reconnut-il les sentiers où tant de fois il avait passé entre la marquise et le chevalier; il revit sans émotion cette belle nature qu'il avait tant aimée, qui l'avait vu jeune et beau comme elle. Quand il vint s'asseoir sur le seuil de la maison où son père était mort, pas une larme ne tomba de son aride paupière. Juste punition des âmes souillées qui, après avoir outragé tout ce qu'il y a de saint et de respectable ici-bas, s'avisent de venir un jour se désaltérer à la source des pures émotions! Elles n'y trouvent que du gravier.

Croire que ce jeune homme allait se régénérer au contact de cette suave créature que nous appelons Madeleine, c'eût été s'abuser étrangement et se préparer d'amères déceptions. Lévite grossier du culte de la beauté sensuelle, que pouvait-il comprendre à cette beauté virginale? Non-seulement, en la revoyant, il ne fut pas touché de tant de grâce; mais encore, après l'avoir examinée curieusement comme il aurait pu faire d'un marbre ou d'un tableau, il reconnut que sa cousine manquait décidément de caractère. Tout ce qu'il éprouva près d'elle se réduisit à ce vague sentiment de gêne et de contrainte qu'éprouvent presque toujours les débauchés lorsqu'ils se rencontrent par hasard avec une femme chaste. Blasé depuis longtemps sur l'attendrissement des adieux, il partit un matin comme il était venu, sans en rien dire à personne.

De retour à Paris, il se hâta de mettre ordre à ses affaires. Déjà, avant son départ, il avait réformé sa maison, congédié ses gens, vendu ses équipages. Le prix de la vente du Coudray acquitta ses dernières dettes. Cela fait, il se trouva à la tête d'un millier d'écus; c'était plus qu'il n'en fallait pour arriver au terme du voyage. Libre de tout soin, il se tint à l'écart, décidé à ensevelir dans la retraite le peu de jours qu'il lui restait à passer sur la terre. S'il avait mal vécu, il voulait du moins bien mourir, c'est-à-dire avec dignité, car il ne croyait à rien, et le malheureux ne se préoccupait pas plus de Dieu que des hommes. L'image de Madeleine elle-même n'éclaira pas d'un pâle reflet le soir anticipé de sa vie. Il ne se surprit pas une fois à penser avec mélancolie à cette douce figure. Dans son lâche égoïsme, il ne se souvint pas qu'un procès remettait sérieusement en question la fortune de sa cousine et sa destinée tout entière.

L'heure approchait. S'il attendait encore, ce n'était pas qu'il faiblît ni qu'il hésitât. Seulement après tant de fatigues et de vaines agitations, il s'oubliait à goûter le calme et le silence qui se font autour de la pauvre âme humaine, lorsque, près de partir et sa tâche accomplie, elle sait qu'elle n'a plus rien à faire ici-bas. Bientôt tout en lui parut annoncer la résolution arrêtée d'une fin prochaine. Il avait écrit à Madeleine la lettre des derniers adieux. Ses pistolets étaient chargés ; plus d'une fois il en avait appuyé sur son front les lèvres de bronze, comme pour s'essayer au baiser glacé de la mort. Enfin, et c'est là qu'on aurait pu voir qu'il touchait au moment suprême, il s'occupa d'anéantir tous les vestiges de son passé, afin de n'avoir à laisser qu'un cadavre aux commentaires de la curiosité.

# VII

Sorti le matin de Paris, il y était revenu le soir, après avoir erré tout le jour dans les bois de Lucienne et de la Celle. Jamais la vie n'avait pesé sur lui d'un poids si lourd, il n'avait jamais senti si profondément le néant de son cœur, l'épuisement de ses facultés. Rentré chez lui, il prit une cassette et l'ouvrit; les lettres qu'il avait reçues en des temps meilleurs s'y trouvaient entassées pêle-mêle, sans plus d'ordre et de soin qu'il n'en avait apporté dans l'arrangement de toute son existence. Lettres de famille et lettres d'amour, fleurs desséchées, rubans fanés, boucles de cheveux, il y avait là tout le poëme de sa jeunesse. Quand il souleva le couvercle d'une main moins pieuse et moins émue qu'il ne nous plairait de le dire, quoique inaccessible depuis bien des années aux sensations de cette nature, il ne put s'empêcher de tressaillir au parfum des jours heureux qui s'en échappa comme une bouffée de printemps. Parmi les quelques lettres qu'il relut avant de les offrir une à une à la flamme, le hasard glissa précisément celle que sa cousine lui avait écrite naguère à l'insu du chevalier et de la marquise, et qu'il avait laissée sans réponse. Pour la première fois, il la lut tout entière, en souriant çà et là au charme naïf qu'il y découvrait. Quand le feu eut tout consumé, Maurice retira de la cassette vide un médaillon qu'il regarda longtemps d'un air sombre. En y touchant, il avait frissonné comme au contact d'une vipère. En le reconnaissant, il fut saisi d'un tremblement nerveux, son front se chargea de tempêtes, et de sinistres éclairs partirent de ses yeux, tout à l'heure éteints au fond de leur orbite. C'était le portrait de la première, de la seule femme qu'il eût aimée. La figure était belle, d'une beauté morne et fatale : à l'examiner attentivement, on croyait voir un sphinx mystérieux proposant aux passants son cœur pour énigme, et dévorant les insensés qui se présentent pour le deviner. Après plusieurs minutes de farouche contemplation, par un mouvement de haine et de colère, Maurice jeta loin de lui le mince et fragile ivoire qui alla se briser contre la plaque du foyer. Épuisé par ce dernier effort, il s'était affaissé sur un divan, son pâle visage caché entre ses mains. Il demeura ainsi près d'une heure. En relevant la tête, il aperçut, debout près de lui, Madeleine qui le regardait avec un triste et doux sourire. Il pensa d'abord que c'était une hallucination de ses sens surexcités : un instant il crut voir l'ange de la mort venu pour l'assister ; mais il n'était plus homme à s'arrêter longtemps à de si poétiques images.

— Vous! c'est vous, Madeleine! que me voulez-vous? que demandez-vous? Quelle fantaisie ou plutôt quel intérêt vous amène? De toute façon ce n'est pas ici votre place.

— Oui, mon cousin, c'est moi, répondit la jeune fille qui ne parut ni troublée ni surprise de ces paroles dites coup sur coup d'un ton bref et presque brutal. C'est moi, ou plutôt c'est nous, ajouta-t-elle, car votre sœur Ursule est ici, à deux pas, dans votre antichambre. Je n'ai pu décider l'excellente créature à se séparer de moi. Peut-être ne vous déplaira-t-il pas de voir de temps en temps son honnête et bonne figure.

—Quelle idée vous a prises de quitter votre nid? demanda brusquement le jeune homme. Qu'êtes-vous venues chercher dans cette ville infâme? Vous ne savez pas que l'air qu'on y respire est empesté ; vous ignorez qu'on y meurt de dégoût, de tristesse et d'ennui. Ursule et vous, toutes deux à Paris! Pauvres enfants, partez bien vite ; retournez à Valtravers, restez à l'ombre de vos bois.

— Mais, mon cousin, vous en parlez trop à votre aise, répliqua doucement Madeleine; à votre tour, vous ne savez pas que ce procès que je devais si bien gagner, je l'ai perdu en dernier ressort ; vous ignorez que Valtravers ne m'appartient plus, et que j'en suis absolument au même point que le soir où vous m'avez rencontrée au fond de ces bois dont vous me conseillez l'ombrage.

— Vous avez perdu votre procès ! Valtravers ne vous appartient plus ! s'écria Maurice avec un sentiment d'épouvante.

— Mon Dieu ! oui, mon cousin. Ce n'est pas une raison pour insulter à la justice humaine. Ah ! le ciel m'est témoin que je ne regrette pas la richesse. Il m'est pénible seulement de penser qu'on n'a pas respecté la dernière volonté de notre chère et bien aimée marquise. Je dois vous dire aussi que je m'étais bercée de l'espoir que ce beau domaine et ce château qui m'étaient échus retourneraient plus tard soit à vous, soit à vos enfants.

— Mes enfants n'auront besoin de rien, et ce n'est pas de moi qu'il s'agit, repartit Maurice d'un ton de plus en plus bref et cassant. Pourquoi n'avoir pas accepté cette métairie du Coudray que je vous offrais ; pourquoi me l'avoir laissé vendre ? pourquoi ne m'avoir pas dit alors que vous pourriez un jour vous trouver sans ressources ? Ce jour est arrivé : qu'allez-vous devenir ?

— Ne me grondez pas, mon cousin. Vous voyez bien que je n'ai pas douté de votre cœur, puisque c'est à lui que je suis venue m'adresser. Je vous jure que je n'ai pas un instant hésité. Je me suis dit : Mon cousin est désormais le seul appui qu'il me soit permis d'implorer en ce monde. Il sait que j'ai tendrement aimé son vieux père, et qu'à tout prendre je suis une bonne fille, digne peut-être de son intérêt. Je le connais, il est généreux. J'irai me mettre sous sa sauvegarde. Je suis certaine qu'il ne me repoussera pas. Là-dessus, j'ai fait mon petit paquet, comme autrefois quand je quittai Munich ; puis, après m'être agenouillée sur le seuil qui m'avait été si hospitalier, après avoir dit un bien long, un bien triste adieu à la maison où j'avais achevé de grandir, à ces doux lieux que je ne devais plus revoir, je suis partie, et me voici. Maurice, n'ai-je pas bien fait ? Pensez-vous que j'aurais dû agir autrement ?

Maurice ne répondit pas. Assis sur le divan en face de Madeleine, il la regardait d'un air de morne stupeur, comme un homme qui ne sait s'il veille ou s'il est endormi. Il n'était pas besoin d'une rare perspicacité pour deviner sur son front ce qui se passait dans son âme. Madeleine ne parut pas s'en apercevoir. Elle ajouta pourtant avec une dignité souriante :

— Surtout ne craignez pas, mon cousin, que je sois jamais un embarras sérieux dans votre existence. Je ne prétends gêner en rien vos habitudes ni votre liberté. J'ai des goûts simples et modestes ; ma pauvreté ne sera guère lourde à votre fortune. Je vous prierai seulement de renoncer, pour quelque temps du moins, à ce long voyage que vous méditiez. Vous ne voudrez pas m'abandonner seule et sans protection dans cette grande ville que vous-même dites infâme. Vous resterez, vous ne partirez pas. C'est votre noble père, c'est l'aimable marquise, qui vous en prient par ma voix ; c'est aussi ma sainte mère qui, avant d'expirer, me confia au fils de sa sœur. Rappelez-vous la lettre qu'en mourant elle me laissa pour unique héritage. Si vous l'avez oubliée, tenez, Maurice, la voici, lisez-la.

Le fait est que Maurice n'avait jamais lu cette lettre. Comme c'était la seule chose qui lui restât de sa mère, le lendemain de son arrivée à Valtravers, l'orpheline ayant prié son oncle de la lui rendre, le bon chevalier s'était empressé d'accéder à ce pieux désir. Au milieu des préoccupations qui l'agitaient déjà, il n'était pas surprenant que ce jeune homme ne se fût pas inquiété de vérifier les titres qui constataient l'identité de Madeleine, ni de connaître de quelle façon sa tante de Munich écrivait le français. Ç'avait été naturellement le moindre de ses soucis. Son père lui avait dit : Voici ta cousine. Maurice avait embrassé l'étrangère sans en demander davantage. Plutôt par embarras que par curiosité, il prit machinalement le papier que lui présentait la jeune fille ; et, après l'avoir déplié d'une main distraite, il se mit à le parcourir d'un œil indifférent et sec.

Quoi qu'on puisse en penser et quoi qu'il en pensât lui-même, ce n'était pas un cœur profondément endurci. Sous les callosités de la surface, il y avait quelques fibres qui n'étaient pas frappées d'une paralysie complète, et qui pouvaient vibrer encore au souffle d'une émotion puissante. Il avait surtout conservé, non pas, il est vrai, dans toute sa fraîcheur ni dans toute son intégrité, la plus précieuse et la plus funeste des facultés que l'homme ait reçues de la colère et de la miséricorde divines, celle qui s'éveille en nous la première, et qui ne meurt qu'après toutes les autres, bienfait à la fois et malédiction, poison et dictame, supplice infernal, enchantement céleste, force surhumaine ajoutée à nos joies et à nos douleurs : en un mot, l'imagination.

En relisant cette lettre, dont les caractères, usés par les pleurs et par les baisers, avaient passé d'abord sous les yeux de son père, Maurice se rappela peu à peu tous les détails de la soirée d'automne où, pour la première fois, Madeleine lui était apparue. Il revit la forêt ombreuse, la clairière inondée des feux du couchant, la grille du parc, et, sur le perron dont la petite Allemande montait lentement les degrés, le chevalier et la marquise se levant pour lui faire accueil. Il s'émut à ces images ; un maigre filet d'eau vive perça les flancs arides du rocher ; mais, aux dernières lignes, qui ne s'adressaient qu'à lui seul, quand il lut ces mots : « Et toi, que je ne connais pas, mais que je me plaisais à réunir si souvent avec ma fille dans un même sentiment de tendresse et de sollicitude, fils de ma sœur, si ta mère t'a donné son âme, tu seras bon aussi et fraternel pour ma bien-aimée Madeleine.... » le rocher éclata, et pendant un instant la source, si longtemps captive, jaillit à flots abondants et pressés. Tandis que Maurice étouffait ses sanglots entre les coussins du divan où il était assis, Madeleine le regardait en silence, debout, les bras croisés sur sa poitrine, l'air triste et grave, comme une jeune mère près du berceau de son enfant malade.

— Maurice, mon ami, mon frère, qu'avez-vous, demanda-t-elle enfin d'une voix caressante.

Il la fit asseoir près de lui, il lui prit les mains dans les siennes, et là, sous le coup de l'émotion encore frémissante, il raconta de sa vie tout ce qu'il pouvait en raconter sans trop effaroucher l'âme virginale suspendue à ses lèvres. Il dit la perte de ses illusions, les désordres où l'avaient précipité la douleur et l'ennui, ses égarements, sa ruine complète, son profond dégoût de l'existence, sa ferme résolution d'en finir; il dit tout. On peut se faire aisément une idée de ce que dut être ce récit. Maurice s'y posa, avec une secrète complaisance, en héros du désenchantement et en poétique victime des réalités de la vie, tant est grand l'orgueil de la faiblesse humaine! Il courait alors par le monde des théories qui représentaient la débauche comme la seule voie qui soit ouverte à l'énergie des fortes âmes. Maurice en toucha quelques mots. Il accusa la terre et le ciel, et bref, dans l'immolation qu'il fit de la société tout entière, il n'y eut guère que lui d'épargné.

Madeleine l'écoutait d'un air de tristesse rêveuse et de mélancolique pitié. Lorsqu'il eut achevé de parler, elle demeura longtemps silencieuse, dans une attitude pensive et recueillie.

— C'est une étrange histoire, dit-elle tout à coup assez gaiement en levant vers lui ses beaux yeux, dont les révélations qu'elle venait d'entendre n'avaient pas altéré un seul instant le limpide azur; malheureusement, je dois vous avouer, mon cousin, que je n'y ai pas compris grand'chose. C'est trop fort pour l'intelligence d'une pauvre fille qui arrive de sa province, où elle a grandi simplement entre des cœurs honnêtes et contents de peu. On ne m'a pas habituée là-bas à des sentiments si extraordinaires, et, malgré ses vicissitudes, j'avais cru jusqu'ici que la vie était encore un assez beau présent de Dieu. Ce que je vois de plus clair dans ce que vous venez de me dire, c'est que vous avez dissipé votre patrimoine, et que, si je n'ai rien, vous avez tout autant. Il n'y a pas là sujet à se désespérer. Seulement, à votre tour, qu'allez-vous devenir? que prétendez-vous faire? Vous tuer? vous ne le pouvez plus. Je ne suis pas venue m'adresser seulement à votre fortune. J'ai compté, en partant, moins sur votre or que sur votre affection. Quoique ruiné et pauvre comme moi, vous n'en restez pas moins mon soutien légitime, mon appui naturel. Soyez vous-même votre juge. Nos mères étaient sœurs. Toutes deux sont là-haut qui nous voient et nous écoutent. Quand je parus sur votre seuil, votre père m'ouvrit ses bras, et je devins sa fille bien-aimée. C'est moi qui vous remplaçai près de lui, moi qui fus le dernier sourire de sa vieillesse. Je l'aidai à mourir, et ma main lui ferma les yeux. Cependant, orpheline pour la deuxième fois, me voici seule, sans ressources, sans autre protection que la vôtre, dans un monde semé d'écueils et que je ne connais pas. Maurice, répondez : pensez-vous que votre vie vous appartienne?

Écrasé sous le poids des devoirs qui venaient d'éclater comme la foudre sur sa tête, aussi épouvanté de l'obligation de vivre qu'il l'eût été, en des jours plus heureux, de la nécessité de mourir, scellé à l'existence comme un forçat qui, près de voir tomber sa chaîne, sent qu'on la lui rive au pied plus étroitement que jamais, Maurice ne répondit que par une explosion de désespoir. Que pouvait-il pour sa cousine, lui qui ne pouvait rien pour lui-même? De quel secours pouvait-il être, lui qui ployait sous le faix de sa destinée?

— Allez-vous-en! partez! laissez-moi! s'écria-t-il avec exaltation. Respectez mon malheur, n'insultez point à ma détresse. Du rivage où vous êtes n'appelez pas à votre aide un infortuné qui se noie; ne demandez pas d'appui au roseau battu par les vents.

— Ami, répondit Madeleine, appuyons-nous l'un sur l'autre, et nous résisterons aux vents contraires. Tendons-nous l'un à l'autre une main secourable, et nous échapperons ensemble au flot qui menace de nous engloutir; nous arriverons, d'un commun effort, au rivage où je ne suis plus, quoi qu'il vous plaise d'en penser.

Voyons, Maurice, ayez du courage. Au lieu de vous pleurer et de vous ensevelir, relevez-vous. La mort n'est qu'une expiation stérile. Vivez, soyez un homme enfin. La réalité seule est féconde ; il ne s'agit que de savoir la comprendre et l'aimer. Nous sommes pauvres ; mais est-ce pour rien que nous avons reçu du ciel l'intelligence, la force et la santé? Nous ferons, mon cousin, comme tant de gens qui nous valent, comme ont fait autrefois la marquise et le chevalier. Nous travaillerons comme deux enfants du bon Dieu.

Cette perspective ne parut pas charmer Maurice, qui laissa échapper un geste violent où se trahirent à la fois le dédain et la colère.

— Je ferai des bilboquets, n'est-ce pas ? demanda-t-il en haussant les épaules.

— Pourquoi pas, mon cousin? Votre père en a bien fait. Il était tout aussi bon gentilhomme que vous, j'imagine.

Maurice se leva, fit deux fois le tour de sa chambre, et vint s'arrêter brusquement devant Madeleine.

— Allons, Maurice, un bon mouvement! s'écria résolûment la blanche et douce créature.

— Eh bien, ma cousine, soyez satisfaite, dit-il d'un ton peu affectueux, poli tout au plus. Je ferai pour vous ce que je n'aurais certes pas fait pour moi : je vivrai.

— Merci, mon cousin! dit Madeleine d'une voix attendrie. Ah! vous êtes bon, et je savais bien que vous ne me repousseriez pas! ajouta-t-elle en lui prenant une main qu'elle pressa contre son sein ému. Je prierai Dieu matin et soir pour qu'il répande sur votre tête la rosée de ses bénédictions.

— Bien, bien, ma cousine, répondit Maurice en retirant d'assez mauvaise grâce sa main, qu'il mit dans son gousset. Dieu doit avoir fort à faire, et ce n'est vraiment pas la peine de le déranger pour si peu. Je vivrai ; mais à la condition que, lorsque nous aurons assuré votre destinée, je redeviendrai libre et maître de la mienne.

— C'est tout simple, cela, dit la jeune fille. J'ai déjà des projets d'organisation ; nous en causerons fraternellement. Je suis sûre d'avance que vous les approuverez. Le ciel et vous aidant, je ne demande pas plus de deux ans pour m'asseoir convenablement dans la vie.

— Deux ans! vous demandez deux ans! s'écria le jeune homme avec un mouvement de stupeur qu'il ne chercha pas à dissimuler.

— Est-ce trop exiger de vous? Soyez sûr, mon ami, que je ne négligerai rien pour abréger ce temps d'épreuve, dit Madeleine en souriant tristement.

Maurice termina l'entretien par un geste d'héroïque résignation.

Sur ces entrefaites, Ursule, n'y tenant plus, se précipita comme une trombe dans la chambre, et se jeta au cou de son jeune maître, qui se déroba avec humeur aux bruyantes effusions d'une tendresse intempestive.

Debout dans l'embrasure d'une fenêtre, pâle, immobile et les poings serrés, il regardait tour à tour ces deux femmes; il se disait sans périphrase qu'il les avait toutes les deux sur les bras; et, malgré lui, frémissant de haine et de rage, il sentait s'allumer dans son cœur des appétits de bête fauve prête à se jeter sur sa proie.

Cependant il se faisait tard. On remit au lendemain le soin de régler l'avenir, et Maurice reconduisit Madeleine jusqu'à la porte du petit hôtel où les deux voyageuses étaient descendues. Il dut subir pendant le trajet les questions provinciales et les ébahissements saugrenus d'Ursule, qui, prenant l'éclairage des rues pour un signe non équivoque de publique réjouissance, et ayant vécu de tout temps dans l'intimité des saints du calendrier, demandait naïvement si c'était en l'honneur de saint Babolein qu'on avait illuminé la ville. Ces enfantillages, qui, dans d'autres circonstances, auraient singulièrement diverti Maurice, achevèrent de l'exaspérer. Il revint par les quais déserts, plongeant çà et là un regard avide dans l'eau noire et profonde du fleuve, qui semblait l'attirer. Rentré dans son appartement, il alla droit à sa boîte de pistolets, qu'il ouvrit ; il demeura quelques minutes à les contempler d'un œil ardent et sombre.

— Dormez, dit-il enfin en abaissant lentement le couvercle ; dormez, amis fidèles, jusqu'au jour de la délivrance, où je viendrai vous réveiller.

## VIII

Le lendemain, après quelques heures d'un sommeil fiévreux, Maurice se leva, honteux de sa faiblesse, furieux contre Madeleine, exaspéré contre lui-même. Que lui importait, après tout, la destinée de sa cousine? En bonne conscience, que devait-il à cette enfant? De quel droit, à quel titre était-elle venue s'imposer à lui? Était-ce sa faute si elle avait perdu son procès? Quoi! parce qu'une tante qu'il n'a jamais connue s'est avisée de rendre l'âme, d'expédier en France une fillette dont il ne s'est jamais soucié; parce qu'une petite Allemande dont il soupçonnait à peine l'existence a frappé, par un soir d'automne, à la porte de Valtravers, le voici obligé de vivre et de se résigner au rôle de tuteur, au moment d'en finir et de se réfugier dans les bras de la mort ! Depuis quand les cousins avaient-ils mission d'escorter leurs cousines à travers la vie ? Que ferait-on de plus pour une sœur? Madeleine, d'ailleurs, n'était plus un enfant. Tout compte fait, elle avait bien de vingt-deux à vingt-trois ans ; à cet âge, les orphelines ont cessé d'être intéressantes. Celle-ci abusait décidément de l'avantage d'être sans famille. Et puis, franchement, que pouvait-il pour elle ? Ses ressources étaient épuisées ; il n'avait rien en propre, pas même les meubles de son appartement, qui représentaient le prix de ses loyers. S'il avait résolu de se tuer, c'est que c'était son bon plaisir ; le fait est qu'au point où il en était arrivé, toute autre détermination l'eût mis dans un singulier embarras. Travailler ! le mot ne coûte rien ; mais, lorsqu'on a pris racine dans la corruption et dans l'oisiveté, ce n'est pas chose si facile de se transplanter et de s'acclimater dans les régions de l'ordre et du travail. Enfin Maurice se rendait justice et s'appréciait lui-même avec une im-

partialité rigoureuse. Il n'avait pas plus de
prétentions à la continence de Scipion qu'à la
chasteté de Joseph ; et, bien que sa cousine ne
lui parût ni belle ni désirable, quoique cette
suave figure n'eût jamais rien dit à ses sens dé-
gradés, cependant il se connaissait. Il avait
sondé son cœur ; il savait ce que les huit années
qui venaient de s'écouler y avaient déposé de
vase : il se disait qu'au premier choc imprévu
toute cette fange, aujourd'hui croupissante,
pourrait bien s'agiter et remonter à la surface.

Il en était là de ses réflexions, irrité, confus,
prêt à rompre les engagements qu'il avait si
étourdiment contractés la veille, lorsqu'il vit
sa cousine, accompagnée d'Ursule, entrer en
souriant dans sa chambre. Madeleine était simplement vêtue d'une robe montante de coutil
gris, sans autre ornement qu'une rangée d'oli-
ves d'ivoire partant du haut du corsage et se
continuant le long de la jupe, qui tombait à plis
droits jusqu'à terre. Un châle de crêpe de Chine
blanc sans broderies dessinait les contours de

sa taille et de ses épaules, qui avaient encore la svelte élégance et la grâce déliée des formes de l'adolescence. Deux nattes sévères de cheveux descendaient le long de ses joues dont un chapeau de paille à jour, doublé de taffetas cerise, encadrait la mate blancheur. Elle tenait à la main une ombrelle de moire bleue à manche de bois blanc tout uni ; un petit sac de filet pendait à son bras. Habitué depuis longtemps aux femmes magnifiquement harnachées, Maurice trouva que sa cousine avait l'air d'une grisette. Il est bien rare qu'on ait perdu le goût des choses honnêtes sans perdre en même temps l'instinct du vrai beau, tant ces deux sentiments sont intimement liés entre eux. Pour Ursule, parée de ses plus riches atours, elle portait le costume des filles de son pays, souliers découverts, à boucles d'argent, jupon court, coiffe extravagante, qu'elle avait encore exagérée dans l'intention de se rendre agréable à son frère de lait. La jambe vigoureuse, la hanche forte, le corsage opulent, les dents blanches et la bouche vermeille, elle sentait d'une lieue son cru limousin. Pour le coup, en la voyant ainsi attifée, Maurice pensa tomber à la renverse.

A peine entrée, comme si elle eût été dans le secret des hésitations de son cousin, Madeleine le fit asseoir près d'elle, et, sans lui laisser le temps de revenir sur ce qui avait été arrêté la veille, elle expliqua de quelle façon elle entendait l'arrangement de leur existence. Ils allaient s'occuper d'abord de trouver, dans un quartier silencieux, sous le même toit, deux petits appartements, l'un pour Maurice, l'autre pour elle et pour Ursule, où ils s'installeraient simplement, ainsi qu'il convenait désormais à l'humilité de leur condition. Madeleine avait sauvé de son naufrage quelques diamants qu'elle tenait de la bonne marquise, et qu'elle avait cru pouvoir emporter sans scrupule. Le prix qu'ils en retireraient devait suffire aux frais de leur installation et les mettre en même temps à l'abri des premiers besoins. Pourvu qu'elle se sentît dirigée par une main ferme, abritée sous un cœur fidèle, Madeleine n'était pas embarrassée d'assurer sa vie ni de se bâtir un nid selon ses goûts. Elle avait, comme on dit communément, plus d'une corde à son arc. Elle brodait comme une fée, et faisait, au crochet, de menus ouvrages tissus d'or et de soie, d'une délicatesse et d'un fini vraiment merveilleux. Elle peignait sur bois des oiseaux et des fleurs qui, passés au vernis, avaient le vif éclat des fleurs et des oiseaux des tropiques. Elle pouvait donner des leçons de piano et de chant. Enfin, grâce aux soins de madame de Fresnes, elle excellait dans la miniature : soit par respect pour la mémoire de la marquise, soit que ce fût en réalité la plus évidente et la plus sûre de ses ressources, c'était de ce côté qu'elle tournait son espoir. On le voit, les talents ne lui manquaient pas ; elle avait, par-dessus tout, ce courage ailé qui se joue des obstacles, cette énergie spontanée où l'on ne sent jamais l'effort, cette gaieté charmante qui chante et rit près de la volonté qui travaille. Il était donc à peu près décidé que Madeleine s'essayerait dans la miniature ; elle se faisait une joie d'enfant de vivre à Paris comme autrefois l'adorable marquise avait vécu à Nuremberg. Ç'avait été de tout temps son rêve, on doit s'en souvenir. Nous pourrions même affirmer qu'en ce sens il y avait dans la perte de sa fortune quelque chose qui ne lui déplaisait pas. Quant à Maurice, il demeurerait libre d'agir à sa guise et d'obéir à ses inspirations ; elle ne lui demandait que de soutenir et diriger ses premiers pas dans le monde et dans la carrière où elle allait s'aventurer. Au bout de deux ans, ainsi qu'ils en étaient convenus, il recouvrerait son indépendance et redeviendrait maître de sa destinée. Seulement, jusque-là, Madeleine aurait le droit de s'appuyer sur lui comme s'il était son frère ; et, autant pour échapper à la malignité des commentaires que pour donner encore plus de poids et d'autorité à la tutelle qu'il allait exercer, il se poserait en effet comme son frère vis-à-vis du public : pieux mensonge que le ciel verrait sans colère. Tout cela fut dit avec tant de verve et d'entrain, que Maurice ne trouva pas à placer une objection, avec tant de grâce et de belle humeur, qu'il ne put, de loin en loin, s'empêcher de sourire. Toutefois quand la jeune fille eut achevé de parler, il secoua la tête de l'air d'un homme peu touché et peu convaincu ; mais se levant aussitôt et lui prenant le bras sans hésiter :

— Mon cousin, dès aujourd'hui notre fraternité commence. Souvenez-vous, d'ailleurs, que votre père m'appelait sa fille, et que j'étais sa fille bien-aimée. La journée est belle, profitons-en pour aller chercher sous quelque toit modeste deux gîtes à notre convenance. Vous avez le choix du quartier. Aussi bien, vous devez avoir hâte de sortir de cet appartement dont le luxe insulte à votre pauvreté. Sortez-en le plus tôt possible, et, ajouta-t-elle gaiement, tâchez d'y laisser cet air sombre et maussade qui n'est pas de votre âge, et qui vous va très-mal, je vous en avertis.

— Eh ! oui, eh ! oui, mon jeune maître, dit à son tour la bonne Ursule, il faut rire, jouer, se divertir. Vous n'avez pas vingt-neuf ans ; vous ne les aurez qu'à la Saint-Nicaise. C'est le bel âge, jarni-Dieu! Vous verrez quel joli petit ménage nous ferons à nous trois, et quel soin j'aurai de vous deux. Allez, tout n'est pas perdu, puisqu'il vous reste la santé, la jeunesse, et votre sœur de lait pour vous faire, comme à Valtravers, de ces galettes de blé noir et de ces crêpes que vous aimiez tant.

Cependant Madeleine entraînait Maurice, qui montrait, en se laissant conduire, l'empressement d'un condamné qui va se faire trancher la tête. Près de franchir le pas de la porte, il se retourna et vit Ursule qui se préparait à le suivre.

— Ah çà! est-ce que tu sors avec nous, toi? demanda-t-il brusquement en l'examinant de la tête aux pieds.

— Comment! si je sors avec vous! s'écria la bonne fille avec un naïf étonnement. Mon jeune maître, pensez-vous que ce soit pour bayer aux corneilles que j'ai pris mes habits de fête?

— Mais, malheureuse, lui dit Maurice avec une sourde fureur qu'il contenait à peine, tu ne sais donc pas, tu ne veux donc pas comprendre que tu vas être regardée comme une bête curieuse dans toutes les rues où nous passerons ?

— J'y compte bien, mon jeune maître, répondit Ursule en se rengorgeant. Pour ma part, je ne serai pas fâchée de montrer à vos Parisiens de quel bois sont faites les filles de Valtravers. En me voyant on dira : Voici la sœur de lait de M. Maurice, et, sauf votre respect, j'ose croire que ça vous fera quelque honneur, ajouta-t-elle en lui tirant une révérence.

Résigné à vider le calice jusqu'à la lie, Maurice ne répliqua cette fois que par un geste de morne désespoir. Quelques instants après, ils marchaient tous trois le long des boulevards, Madeleine au bras de son cousin, Ursule suivant de près, le corsage en avant, le visage épanoui et le poing sur la hanche, fendant ainsi les flots de la foule comme un navire à toutes voiles et paré de tous ses signaux. C'était précisément une de ces journées splendides où Paris ouvre ses cages dorées et lâche ses plus jolis oiseaux, un de ces gais soleils qui font éclore sur les pavés éclatants de la grande ville toute une population de jeunes élégants et de femmes souriantes. Au vif regret d'Ursule, qui obtenait déjà un succès complet, et dont chaque pas était marqué par un véritable triomphe, Maurice s'empressa de quitter ces parages qui l'avaient vu tant de fois étalant le luxe effréné de ses maîtresses et de ses chevaux. La place, à vrai dire, n'était plus tenable. Sans parler de son costume, qui ameutait la curiosité des passants, Ursule, croyant son jeune maître connu dans Paris comme à Neuvy-les-Bois, lui adressait de temps en temps, et à haute voix, quelque question ébouriffante, afin qu'on vît bien clairement qu'elle était de sa compagnie. D'autres fois, quand la foule devenait trop compacte, elle se cramponnait aux basques de son habit, dans la crainte de le perdre et de s'égarer. De loin en loin, Maurice se retournait à demi et lui lançait un regard foudroyant auquel la brave fille répondait naïvement par un bon sourire ou par quelque grosse gentillesse de sa façon. Le malheureux était au supplice. Il avait bien songé tout d'abord à promener sa honte en voiture : mais sa cousine avait fait observer que de si grandes manières ne convenaient plus à leur humble fortune. Le ciel était pur, les pavés étaient secs, et le simple bon sens disait qu'on ne cherche pas des appartements en carrosse. Pour Madeleine, comme une bergeronnette sur le bord d'un étang, elle s'avançait d'un pied léger, sans être ni troublée ni surprise du bruit et du mouvement qui se faisait autour d'elle, n'ayant pas l'air de s'apercevoir de l'humeur de sanglier que son compagnon ne prenait guère la peine de cacher, uniquement préoccupée de l'existence qu'ils allaient organiser ensemble et laissant voir la joie d'une jeune épousée qui court pour monter son ménage.

Ils gagnèrent ainsi la rive gauche. Près du guichet du Louvre, au moment où ils débouchaient sur le quai, ce que Maurice redoutait le plus arriva. S'étant rangé pour laisser passer une calèche découverte qui s'avançait au grand trot de deux chevaux de Mecklembourg, il fut reconnu par une société joyeuse qui se faisait traîner au bois. C'était la plus fine fleur du monde où il avait vécu. Par un mouvement de respect trop profond pour être sincère, quatre ou cinq folles têtes s'inclinèrent gravement devant lui; et, quand la voiture eut passé en lui jetant un parfum pénétrant de cigare et de patchouly, le pauvre garçon, encore immobile à sa place, entendit un long éclat de rire. En cet instant, il éprouva une vive démangeaison de jeter Ursule et Madeleine dans la Seine.

Eût-il été, en sortant de chez lui, pieusement résolu à tenir ses engagements de la veille, cette promenade de forçat traînant deux boulets aurait suffi pour lui démontrer jusqu'à l'évidence que le dévouement qu'il avait promis était au-dessus de ses forces. Vivre deux ans d'une pareille vie, c'était mettre deux ans à mourir. Toutefois Maurice reconnaissait en même temps, qu'à moins d'être le dernier des hommes, il ne pouvait se dispenser de veiller sur ces deux pauvres créatures perdues dans

Paris, sans autre guide et sans autre soutien que lui. Peut-être n'eût-il pas reculé devant un crime, il avait horreur d'une lâcheté. Par exemple, il caressait depuis plus d'une heure la pensée de tordre le cou d'Ursule ; mais abandonner indignement deux femmes qui étaient venues se placer sous sa protection, il ne pouvait s'y décider.

Quoique pâle et tremblant de courroux, Maurice continuait donc de marcher vers le but que lui avait marqué Madeleine. Puisqu'elle voulait se retirer dans un coin de Paris honnête et recueilli, il avait pensé que les environs du Luxembourg pourraient réaliser les vœux de sa cousine. En supposant d'ailleurs qu'il se résignât à passer quelques mois auprès d'elle, dans ce quartier du moins, asile de la science et des fortes études, il serait à peu près sûr de ne jamais rencontrer une figure de sa connaissance. Après avoir cherché vainement, dans les rues adjacentes, un logis qui convînt à la fois aux poétiques instincts et aux modestes ambitions de la jeune Allemande, ils dînèrent sobrement aux alentours de l'Observatoire, ce qui ne contribua pas à égayer l'humeur de Maurice, que des ascensions de cinq étages trop répétées avaient disposé à un dénoûment moins frugal. Je dois ajouter qu'en face même du suicide, il avait conservé des habitudes qui n'étaient pas d'un anachorète. Il tenait surtout à l'élégance du service, et, quoique désabusé de toutes choses, il n'admettait pas qu'un galant homme, fût-il à la veille de se faire sauter la cervelle, s'avisât de toucher à deux mets différents avec la même fourchette. Il but du bout des lèvres, mangea du bout des dents. Ursule dévora, c'est le mot ; Madeleine déclara n'avoir fait de sa vie un repas si charmant. Comme ils s'en retournaient, cherchant encore à droite et à gauche s'ils ne découvriraient pas une maison qui les attirât, ils s'enfoncèrent d'un commun accord dans une rue dont l'aspect tout agreste avait séduit Madeleine aussitôt : rue solitaire, aboutissant d'un côté au boulevard des Invalides, de l'autre à cette rue du Bac dont madame de Staël a rendu le ruisseau célèbre. Grâce à

l'accroissement de la population et aux progrès
de l'industrie, avant cinq cents ans, il ne res-
tera pas dans le monde entier un refuge pour la
rêverie; aussi cette rue n'est guère aujourd'hui
qu'une double rangée de maisons plus ou moins
neuves, laides et mal bâties. On eût dit alors
un hameau ou tout au moins le verdoyant fau-
bourg d'une petite ville tapie dans le feuillage.
Au retour de la belle saison on respirait, en y
pénétrant, la senteur des lilas ou le parfum des
tilleuls en fleurs. Par-dessus les murs qui ser-
vaient de haies, les acacias, les faux ébéniers,
les arbres de Judée, secouaient leurs grappes
odorantes. Au fond des parcs où le rossignol
chantait pendant les nuits d'été, on apercevait,
à travers les grilles, de beaux hôtels silencieux
et de jolis enfants qui couraient sur les pelou-
ses. C'était, en un mot, la rue de Babylone,
ainsi nommée, soit à cause de ses jardins, soit
parce qu'elle aurait été habitée autrefois par
l'évêque de l'antique cité de Sémiramis. Ursule
se crut à Valtravers, et demanda où coulait la
Vienne. Madeleine s'écria que ce serait pour elle

le bonheur que d'habiter ce village égaré au sein de Paris. Pour Maurice, tout lui était indifférent. Les vœux de la jeune fille furent exaucés. Elle trouva, dans une des rares maisons qui coupaient çà et là le paysage, deux petits appartements voisins et séparés l'un de l'autre : l'un pour Maurice, composé de deux pièces ; l'autre de trois, pour elle et pour Ursule ; le tout un peu haut, sous les toits, mais donnant sur de vastes ombrages. Mon avis est, et c'était celui de Madeleine, qu'il vaut mieux avoir devant ses fenêtres un brin de verdure que la colonnade du Louvre.

Ainsi se termina cette journée, qui pouvait donner à Maurice un avant-goût des délices qui lui étaient réservées. Le lendemain et les jours suivants furent encore plus rudes et plus laborieux. Ce n'est pas tout d'avoir choisi le buisson où l'on doit se nicher, il faut y apporter le crin, le duvet et la mousse. Avec Ursule toujours sur ses talons, Maurice fut obligé d'accompagner Madeleine dans les magasins, de tout voir et tout examiner, d'entendre discuter et débattre les prix, lui qui n'avait jamais rien marchandé de sa vie, et qui se faisait un point d'honneur de tout payer plus cher que les autres. Bien qu'elle eût à un haut degré le sentiment de la réalité, quoique naturellement douée d'autant de raison que de grâce, Madeleine mettait à ses diverses emplettes assez d'abandon et de laisser-aller : elle montrait cette joie enfantine qui se soucie peu des chiffres et ne s'arrête guère aux calculs ; mais Ursule, qui se figurait que les marchands voulaient abuser de sa qualité de Limousine, l'impitoyable Ursule élevait à tout propos des difficultés interminables, et défendait les intérêts de ses maîtres avec une âpreté parcimonieuse qu'un juif n'eût pas désavouée. Un peu forte en gueule, comme les servantes de Molière, elle se disputait avec les garçons de boutique, les traitait sans façon de gueux et de filous, si bien qu'on dut plus d'une fois la prier poliment de prendre la porte. Maurice crut qu'il en perdrait la tête. Il envoyait Ursule à tous les diables ; mais Ursule ne s'en préoccupait pas autrement, sachant bien que les voitures publiques ne vont pas jusque-là. Ce ne fut qu'en la menaçant de la renvoyer dans son pays, que Maurice put l'amener à des sentiments plus modérés.

Enfin, au bout d'une semaine au plus, nos trois compagnons prirent possession de leur petit domaine. Par une belle matinée, un fiacre attelé de deux rosses étiques s'arrêta bruyamment à la porte du somptueux hôtel que Maurice habitait encore. Ursule et Madeleine en descendirent.

— Allons, Maurice, allons, mon frère, s'écria la jeune fille en entrant dans l'appartement de son cousin, plus vive, plus légère qu'un faon qui joue sur l'herbe d'une clairière; le grand jour est arrivé. Il ne vous reste plus qu'à dire un dernier adieu à ces meubles, à ces tapis, à ces tentures, à ces plafonds dorés. Vous n'en retrouverez pas l'équivalent où nous allons; mais la pauvreté a son luxe, elle aussi, et le bonheur n'a pas besoin d'être si magnifiquement logé.

— Pauvre agneau! dit avec une ineffable

expression de tendresse Ursule, qui ne se sentait pas de joie à la pensée de vivre avec son jeune maître. Allons-nous l'aimer et le chérir, le gâter et le dorloter! Il se croira encore à Valtravers. Et quel plaisir, les dimanches et les jours de fête, quand nous aurons bien travaillé toute la semaine, d'aller nous promener tous trois ensemble dans les jardins publics! Tenez, monsieur Maurice, je suis trop heureuse. Ça me suffoque, c'est plus fort que moi; il faut, jarni-Dieu! que je vous embrasse.

A ces mots, l'excellente créature se jeta, comme une panthère, sur son frère de lait, et, malgré les efforts surhumains qu'il fit pour s'arracher à ses vives étreintes, elle lui appliqua deux bons gros baisers sur les joues.

C'était donc vrai! l'heure avait sonné, cette heure que Maurice pensait devoir n'arriver jamais. Il avait compté sur des empêchements imprévus, sur des obstacles insurmontables, et tout s'était fait comme par enchantement. La veille encore, il se disait qu'un incident surviendrait nécessairement, qui le tirerait de l'étrange position où il se trouvait acculé, et rien n'était venu, rien que la réalité au pied sûr et au poignet de fer. Reculer? il n'était plus temps. Au moment de franchir le seuil qu'il ne devait plus repasser, près de se séparer des objets au milieu desquels avait grondé sa jeunesse orageuse, Maurice n'était pas homme à se répandre en élégies plaintives, en poétiques adieux. D'ailleurs, bien différents des lieux où l'on a souffert et qu'on ne peut quitter sans attendrissement, les lieux où l'on a mal vécu ne sauraient être une patrie, et toujours on les quitte sans émotion et sans regret. Il fit porter par Ursule dans la voiture tout ce dont il pouvait disposer ; puis, après avoir promené autour de lui un regard morne et sec, il prit sous son bras sa boîte de pistolets et se jeta hors de l'appartement, emportant ainsi toute sa fortune et son dernier espoir. En cet instant, on eût pu voir briller au front de Madeleine un reflet de la joie céleste qui doit illuminer la figure des anges, lorsqu'ils ramènent à Dieu, en chantant, une âme égarée.

# IX

C'étaient deux pauvres réduits que ces appartements où Madeleine et Maurice allaient vivre l'un près de l'autre ; mais un poëte en eût été ravi, alors que les poëtes habitaient encore des mansardes. Quoique tout y fût d'une excessive simplicité, tout se ressentait pourtant du goût et de l'élégance native qui avaient présidé aux détails de l'ameublement. La chambre de la jeune Allemande était tapissée d'un papier gris de perle parsemé de petits bouquets d'œillets, de roses et de jacinthes, se réunissant au plafond en forme de tente. Les meubles étaient de noyer, les chaises de jonc tressé. Le lit, mince, étroit, virginal, vraie couchette de pensionnaire, se cachait chastement sous un ample rideau de perse assorti au papier de la tenture. On voyait près de la fenêtre une table couverte de pinceaux, de boîtes de couleurs et de godets de porcelaine qui avaient appartenu à l'aimable marquise. Le marbre de la cheminée n'avait d'autre parure que deux vases de terre au col évasé, échantillons de la poterie de Ziegler; en attendant novembre, l'âtre et le contre-cœur avaient disparu sous un épais coussin de mousse verte. Au chevet du lit, un guéridon servait de support à une lampe glissant à volonté sur sa tige de cuivre. Si les tapis manquaient, on pouvait se mirer dans le parquet, tant il était clair et luisant. Le long de l'encadrement de la glace pendaient d'un côté plusieurs miniatures de madame de Fresnes, religieusement conservées, entre autres une copie réduite de la Vierge au chardonneret, que n'eût pas craint de signer madame de Mirbel ou Maxime David; de l'autre, quelques rayons mobiles retenus par une torsade de soie bleue et chargés de livres, de fleurs desséchées, de plantes et de minéraux pieusement rapportés de Valtravers. La fenêtre, ainsi que je l'ai dit, s'ouvrait sur un parc au fond duquel un hôtel grave et triste paraissait méditer avec mélancolie. La chambre de Maurice présentait à peu près le même arrangement et la même disposition. Seulement rien n'y trahissait des habitudes ou des projets de travail; vainement eût-on cherché quelque objet auquel se rattachât une espérance ou un souvenir. Les murs étaient nus; le lit, sans rideaux, avait un aspect dur et froid.

— Dame! ce n'est pas beau, dit Madeleine en installant Maurice dans son nouveau logis; mais je crois qu'il n'est si pauvre appartement qu'on ne puisse soi-même embellir mieux qu'aucun tapissier ne pourrait le faire. Nos pensées et nos rêves, nos joies et nos douleurs sont un luxe d'ameublement et de décoration que bien des riches ne soupçonnent pas, et qui vaut, à mon sens, le velours et la soie, le bois de rose ou le palissandre. Les quatre murs qui nous voient aimer, travailler, rêver, espérer, sont toujours les murs d'un palais.

Ces paroles touchèrent médiocrement Maurice, qui, demeuré seul, se prit à marcher autour de sa chambre comme un lion nouvellement mis en cage. Enfin sa colère éclata. Il se tordit les poings, se frappa le front, et se roula sur son lit avec des cris de rage. Il se demandait par quelle lâche condescendance, par quelle incroyable faiblesse il avait laissé les choses en venir là ; il s'accusait d'imbécillité et blasphémait le nom de sa cousine. Pendant ce temps, Madeleine s'occupait de mettre en ordre ses pains de couleur, ses pinceaux, ses feuilles d'ivoire, aussi à l'aise déjà dans sa nouvelle condition que si elle n'en eût jamais connu d'autre, plus enivrée de sa pauvreté qu'elle ne l'avait été de sa fortune, quand elle était rentrée en souveraine à Valtravers, après la mort de la marquise. Ursule était à l'œuvre, elle aussi : elle rangeait, frottait, fourbissait tout en chantant à pleine voix une chanson de son pays. Au bout d'une heure, Maurice sortit. La voix de sa sœur de lait, qu'il entendait à travers la cloison, avait mis le comble à ses

emportements. Il erra jusqu'au soir par la
ville, ne sachant où il allait, ne songeant pas
même à se le demander. Vers onze heures, le
hasard le ramena à peu près au point d'où il
était parti. De vifs éclairs sillonnaient la nue;
le tonnerre grondait ; de larges gouttes de
pluie commençaient à tomber. Maurice, qui,
en réalité, n'avait plus d'autre asile que sa
mansarde de la rue de Babylone, prit le parti de
s'y réfugier. Ursule guettait son retour. Accourue sur le palier au bruit des pas de son jeune
maître, elle fut effrayée de la pâleur de son
visage. Les lèvres étaient livides ; enfoncés
dans leur orbite, les yeux brillaient d'un éclat
fébrile. La bonne fille, sérieusement alarmée,
voulut l'attirer chez Madeleine, qui avait l'habitude de veiller très-tard ; mais, la repoussant avec humeur, il passa outre et se retira
dans sa chambre. Assis auprès de la fenêtre
ouverte, il resta jusqu'au matin à écouter le
parc mugir sous les assauts du vent, à regarder le ciel, moins sombre et moins orageux
que son âme. Il avait la fièvre en se cou-

chant, et le délire lorsqu'on entra chez lui.

On craignit pour ses jours. Mis en présence de la réalité, le malheureux enfant n'avait pu soutenir le regard de cette rude compagne qu'il ne croyait pas si près; comme don Juan lorsqu'il toucha la main de marbre, Maurice s'était senti foudroyé. Les soins de la science, la jeunesse qui n'était pas morte en lui, mieux encore la sollicitude passionnée de Madeleine et d'Ursule, le rappelèrent peu à peu à la vie. Elles se disputèrent la gloire de le sauver, et je ne pense pas qu'une mère ait jamais prodigué à son fils souffrant plus de dévouement, de tendresse et d'amour que n'en montrèrent ces deux bonnes créatures au chevet de ce jeune homme. La maladie n'est pas, quoi qu'on dise, une si méchante hôtesse. Elle a ses bons côtés; ne servît-elle qu'à nous faire mieux apprécier l'affection des êtres qui nous sont chers et qu'elle rassemble autour de nous, il ne faudrait pas trop en médire. En outre, elle a cela d'excellent, qu'elle terrasse les passions mauvaises, amollit les cœurs en-

durcis, et ploie sous son genou, comme une
baguette de saule, les plus indomptables natures. Ainsi ce terrible Maurice, si furieux de
la nécessité de vivre quand il se portait bien,
se laissa soigner comme un mouton bridé. Plus
d'une fois il remercia d'un œil attendri Madeleine et Ursule assises auprès de lui ; sa main
émue chercha plus d'une fois la main de sa
cousine. Un jour, ayant aperçu au-dessus de sa
tête, contre la muraille, un portrait de son
père peint par la marquise un an avant la
mort du chevalier, il le prit et demeura longtemps à le contempler, en lui adressant d'une
voix qu'étouffaient les sanglots des paroles
touchantes de regret et de repentir. Madeleine
et Ursule pleuraient aussi ; c'étaient de bien
douces larmes. Un autre jour, il découvrit sur
un coin de la cheminée une boîte d'acajou
qu'il n'avait pas encore remarquée. La convalescence, on le sait, est un état qui ressemble
singulièrement à l'enfance. Même faiblesse
d'organes, mêmes enchantements naïfs, même
curiosité qu'un rien suffit à éveiller ou à dis-

traire, c'est la vie qui recommence, c'est une autre enfance en effet. Maurice se fit apporter cette boîte, il en souleva le couvercle, et reconnut, rangés avec symétrie dans leurs compartiments de velours vert, les outils dont il se servait autrefois, avec son père, pour sculpter le noyer, le poirier et le chêne.

— Hélas! dit Madeleine, c'est tout ce que j'ai pu sauver de votre patrimoine. J'ai pensé que vous ne seriez pas fâché d'avoir ces objets en votre possession, et que peut-être vous me sauriez gré de ne les avoir pas laissés à la merci des étrangers.

— Oui, ma cousine, ma sœur, ajouta Maurice, se reprenant aussitôt (c'était la première fois qu'il lui donnait ce nom : la jeune fille pâlit et se troubla) ; oui, vous avez bien fait. En ouvrant cette boîte, j'ai cru voir s'échapper l'image de mes jeunes années.

— Quand on pense, ajouta Ursule, que c'est avec ça que M. le chevalier a gagné son pain chez les infidèles ! M. le chevalier, un noble, un grand seigneur, un aristocrate, quoi ! Et dire que de ses blanches mains il tournait des bilboquets, comme s'il n'eût fait que ça toute sa vie! dire qu'il n'avait pas de honte de travailler comme un enfant du peuple! En voilà un qui n'était pas fier; et pourtant c'était un fier homme.

— Oui, dit Madeleine, c'était un grand cœur.

— Et madame la marquise! s'écria Ursule, qui n'était pas fille à s'arrêter en si beau chemin. En voilà encore une qui n'a pas dû frapper longtemps à la porte du paradis. Penser qu'une si grande dame, qui avait été à la cour, faisait la portraiture d'un tas de buveurs de bière et de mangeurs de choucroûte, quand il lui eût été si facile de vivre à meilleur compte et plus richement! Jarni-Dieu! c'était une maîtresse femme.

— Oui, dit Madeleine, c'était une belle âme.

— Comme la vôtre, brave demoiselle, repartit Ursule en portant avec respect les doigts de Madeleine à ses lèvres.

Pareil aux gens qui entendent un apologue

sans se soucier de la moralité, Maurice écoutait tout cela, et ne pensait guère à se demander s'il n'y avait pas là-dessous, par hasard, quelque conseil à son adresse. Ce qu'il y a de charmant surtout dans la convalescence, c'est l'oubli profond, c'est l'absence complète de toute préoccupation d'avenir. Trop faibles encore pour nous élancer au delà de l'heure présente, nous nous réfugions tout entiers dans le sentiment de notre conservation. On se sent exister, c'est assez. Malheureusement un état si doux ne saurait durer : on reprend peu à peu, avec la santé, le fardeau de la vie.

Bien que hors de danger et presque entièrement rétabli, Maurice était pourtant d'une extrême faiblesse, et, soit que sa position réclamât encore des soins assidus, soit pour l'égayer et le distraire, Madeleine et Ursule passaient la meilleure partie de leur temps près de lui. D'après le désir qu'il avait lui-même exprimé, la jeune fille avait transporté son atelier dans la chambre de son cousin ; elle y travaillait le jour, souvent elle veillait la nuit.

Elle peignait, brodait ou faisait du crochet, tandis qu'Ursule ourlait ou tricotait. Maurice avait d'abord trouvé charmant ce petit tableau d'intérieur; mais, les infirmités de son cœur et de son esprit se ravivant à mesure que la guérison physique approchait, il commençait à s'irriter secrètement de la sollicitude de ces deux femmes qui ne quittaient plus son chevet. Déjà la conscience des charges et des devoirs suspendus sur sa tête l'oppressait à son insu comme une atmosphère orageuse; sans chercher encore à s'en rendre compte, il entendait, avec un vague sentiment de terreur, le grondement sourd de sa destinée, pareil au bruit lointain de la marée montante.

Un soir qu'il paraissait profondément endormi, assises toutes deux autour de la même table, Madeleine et Ursule causaient à demi-voix, en travaillant à la lueur voilée de la lampe.

— Pauvre chérubin! disait Ursule en tirant l'aiguille, je ne regrette pas l'argent qu'il nous a coûté. Pour lui, je mettrais en gage ma dernière cornette et mon dernier jupon. Toujours est-il que nos dernières ressources ont passé en frais de maladie, et qu'il n'y a pas à cette heure deux écus vaillant dans la maison.

— Ne t'inquiète pas, ma bonne Ursule. Je compte bien achever, d'ici à demain, la peinture de cette boîte à thé. Je n'en suis pas trop mécontente. Vois les belles fleurs et les jolis oiseaux! Nous aurons du malheur si je ne réussis pas à placer cet ouvrage dans le grand magasin où l'on m'a déjà pris deux écrans. Ce n'est pas tout. J'ai fini deux petits sacs qui ne sont vraiment pas mal; nous irons ensemble les offrir aux marchands. On assure que ces futilités se vendent très-cher à Paris. Si tout nous manque à la fois, eh bien! il me reste quelques bagues, quelques bijoux; nous les enverrons rejoindre mes diamants.

— En compagnie de mes boucles d'oreilles et de ma croix d'or, dit Ursule. Ça, c'est tout simple, rien de mieux; mais, chère demoiselle, vous passez les nuits à travailler : à ce mauvais jeu, vous perdrez vos beaux yeux bleus, et votre santé, plus précieuse encore.

— Bon, bon! répliqua Madeleine en souriant; je suis plus forte que je n'en ai l'air. D'ailleurs, le travail est sain. La marquise me répétait souvent qu'elle ne s'était jamais mieux portée qu'à Nuremberg. Elle avait travaillé nuit et jour; je puis pourtant t'affirmer que ses yeux étaient encore très-beaux quelques heures avant sa mort. Et puis songe donc, bonne Ursule, que pour notre cher malade, mon devoir est de redoubler de courage et d'efforts. Sa convalescence sera longue peut-être; si nous ne l'entourions pas de tous les soins qu'exige son état, que de reproches n'aurions-nous pas à nous adresser, quels remords seraient les nôtres, que penserait Maurice, qui ne s'est résigné à vivre que pour nous!

— Oui, s'écria Ursule en tournant vers le lit où reposait son jeune maître un regard plein d'adoration, oui, c'est un fait qu'il a été assez bon et assez gentil. Nous n'avons pas à nous plaindre. Dire qu'au moment de se tirer un coup de pistolet dans la tête, il s'en est privé uniquement par amitié pour nous! Et comme il était fier de se promener avec nous par les rues! Sans compter qu'une fois guéri, il en abattra, de l'ouvrage. Il sera si content de travailler pour sa cousine et sa sœur de lait! car c'est un ange, mademoiselle Madeleine, un ange du bon Dieu, je vous l'ai toujours dit.

Elles causèrent ainsi à voix basse jusqu'à l'heure où Ursule contraignit Madeleine à se retirer dans sa chambre pour prendre un peu de repos. Près de s'éloigner, penchées toutes deux au chevet de Maurice, elles restèrent quelques instants à regarder en silence cette pâle figure, à qui la souffrance avait restitué son caractère primitif de grandeur et de dignité.

Maurice ne dormait pas. Il avait tout entendu; le lendemain, il était sur pied. Aussi calme, aussi résolu que nous l'avons connu incertain, colère, emporté, il acceptait enfin la tâche qui lui était échue. Toutefois les esprits honnêtes auraient tort d'attribuer ce réveil subit de sa volonté à un mouvement de reconnaissance et d'attendrissement. Avec la santé, Maurice avait retrouvé l'endurcissement de son âme. Le dévouement de ces deux nobles créatures qui venaient d'épuiser à son chevet leurs dernières ressources, loin de le toucher, l'irritait; mais Dieu a mis l'orgueil au fond de notre cœur pour y suppléer au besoin la vertu. Cette fois encore l'orgueil fit le miracle que la vertu seule aurait dû faire.

Il était prêt, sans enthousiasme, il est vrai, mais sans hésitation, comme un galant homme qui va sur le terrain, moins par entraînement que par nécessité. Seulement quel parti prendre? Travailler, c'est bientôt dit; mais encore faut-il savoir que faire. Tourner des bilboquets et des casse-noisettes? c'était bon à Nuremberg, dans la patrie de la bimbeloterie. Aborder la sculpture en bois? ici, mille difficultés. Pour les paresseux, les avenues du travail sont toujours encombrées d'obstacles. Il avait d'ailleurs négligé cet art depuis trop longtemps pour ne l'avoir pas désappris. Quant aux travaux de la pensée, il ne devait pas y songer.

Ce n'est point qu'il n'eût été propre à cette sorte de littérature courante qui se fait de nos jours avec tant de succès ; malheureusement, à l'époque dont il s'agit, les lettres avaient encore quelque prestige, et le plus difficile des arts n'était pas encore devenu le plus facile des métiers. Quelques années plus tard, Maurice n'eût pas hésité, nous aurions à cette heure un grand écrivain de plus. Arriver à propos est un des grands secrets de la vie. De guerre lasse, Maurice consulta sa cousine ; la jeune fille lui répondit avec douceur :

— Pourquoi vous hâter? rien ne presse. Vous êtes encore trop faible et souffrant. Reprenez vos forces, le reste viendra plus tard. Pourvu que je me sente sous votre sauvegarde, cela me suffit, je n'en demande pas davantage. Ne vous inquiétez de rien. Je suis forte, j'ai bon courage. Je travaillerai pour vous avec joie, en attendant que vous puissiez travailler pour moi avec bonheur. Dites, mon frère, ne le voulez-vous pas?

On pense bien que de telles paroles ne pouvaient qu'irriter l'orgueil de Maurice. Voici de quelle façon s'y prit le hasard, ou plutôt la Providence sous les traits de Madeleine, pour pousser ce jeune homme dans la seule voie qui lui fût ouverte.

## X

Dans une aile de la maison, vis-à-vis des mansardes où vivaient Maurice et Madeleine, était un modeste appartement composé de trois pièces qu'habitait un ménage de jeunes artisans. Ébéniste de son état, le mari se nommait Pierre Marceau. C'était un brave et beau jeune homme, qui avait vingt-cinq ans au plus, toujours en belle humeur, à l'air franc et ouvert, charmant dans sa blouse de toile grise qu'une ceinture de cuir verni serrait autour de son corps souple et vigoureux. Celui-là ne faisait pas de vers, et n'avait d'autre lyre que son rabot et son ciseau. Levé tous les jours avec l'aube, il travaillait gaiement du matin au soir, comme s'il eût été convaincu que le travail est en même temps la vraie poésie du peuple, et le meilleur système qu'on ait imaginé jusqu'ici pour améliorer la condition des ouvriers. Accorte et gentille, sa femme jouait de l'aiguille auprès de lui, tout en ayant l'œil sur deux marmots qui s'ébattaient autour de leur père. Marceau quittait de loin en loin son établi pour venir se pencher sur la broderie de sa compagne, ou pour prendre dans ses bras les deux petits drôles; puis il se remettait à l'ouvrage avec une nouvelle ardeur. Parfois la jeune femme chantait à demi-voix une chanson de Béranger, une de ces chansons immortelles qui ont consolé la patrie; sans interrompre son travail, le jeune homme redisait le refrain d'une voix énergique et fière. Quand la journée touchait à sa fin, la jolie ménagère s'occupait des apprêts du repas, qu'égayait le babil des enfants. On s'attardait le plus souvent autour de la table frugale, et la soirée se prolongeait au milieu d'entretiens familiers.

Accoudé sur l'appui de sa fenêtre, Maurice

s'était surpris fréquemment à suivre d'un œil
distrait tous les détails de cet intérieur laborieux et honnête. Non qu'il y trouvât le moindre intérêt, ou qu'il cherchât un enseigne-
ment salutaire : c'était uniquement un spectacle offert à son oisiveté. De son côté, Madeleine se plaisait à observer le train de vie de
cet humble ménage ; seulement elle y trouvait
un charme mystérieux. Entre elle et ces deux
jeunes gens, il s'était établi peu à peu des relations de bon voisinage. La jeune Allemande
gâtait les enfants lorsqu'elle les rencontrait
sur le palier ; pendant la maladie de Maurice,
Pierre Marceau était venu plus d'une fois demander de ses nouvelles. Un matin, ayant remarqué que le jeune ébéniste rabotait et fouillait le chêne, ainsi qu'autrefois Maurice en
compagnie du bon chevalier, la jeune fille se
prit à l'examiner d'un regard ému. Courbé sur
son établi, auprès de sa croisée ouverte, Marceau paraissait absorbé par quelque difficulté
qu'il s'efforçait en vain de surmonter. Tout
d'un coup, par un de ces gestes violents qui

trahissent le sentiment de l'impuissance, il jeta ses outils, et se frappa le front avec désespoir ; puis, les deux bras croisés sur sa poitrine, il resta debout, dans l'attitude d'un homme profondément découragé. La jeune femme s'étant approchée de lui pour essayer, par des caresses et de douces paroles, de relever son courage abattu, pour la première fois peut-être il la repoussa rudement, et des pleurs de rage coulèrent le long de ses joues. La jeune femme se mit à pleurer ; tandis que les enfants, entraînés par l'exemple, criaient à qui mieux mieux. A cette scène de désolation, Madeleine eut un bon mouvement ; elle sortit de sa chambre, et parut, quelques instants après, au milieu du petit ménage, dont elle avait plus d'une fois éveillé la curiosité bienveillante. — Hélas ! mademoiselle, dit la jeune femme qu'elle avait interrogée la première, voici de quoi il s'agit. Mon mari doit livrer aujourd'hui même une commande au succès de laquelle est attaché tout notre avenir. Soit qu'en l'acceptant il ait trop présumé de ses forces, soit que son talent lui ait fait défaut, le pauvre ami sent l'impossibilité de mener à bien le travail important qu'on lui a confié. Mon mari se désole à cause de moi et de nos chers petits; moi, je pleure parce que je le vois pleurer.

— Tenez, mademoiselle, dit à son tour le jeune ouvrier, que Dieu me pardonne d'avoir osé penser qu'il avait mis en moi l'étoffe d'un artiste ! Je ne suis qu'un malheureux, bon tout au plus à raboter des planches et à tourner des bâtons de chaise.

— Vous n'en savez rien, monsieur, répliqua doucement Madeleine; le talent a ses heures comme la fortune. Il n'y a que la médiocrité qui soit toujours prête et n'hésite jamais. Voyons, monsieur, de quoi s'agit-il ?

Il s'agissait d'une pièce de bois sculptée représentant une figure d'archange destinée à l'ornement d'une des églises de Paris. Le fait est que la figure était mal venue. Quoique naturellement indulgente, Madeleine fut obligée de reconnaître que si l'avenir du jeune ménage dépendait sérieusement du mérite de l'œuvre, il y avait, en effet, tout lieu de se désespérer. En cet instant, elle aperçut à sa fenêtre Maurice, qui, sur un signe de sa cousine, se rendit auprès d'elle sans trop d'empressement.

— Voyez donc, mon frère, lui dit-elle, s'il n'y aurait pas moyen de venir en aide à ces deux aimables jeunes gens et de les tirer d'embarras.

Une fois au courant de la situation, Maurice s'approcha du morceau de sculpture et demeura quelques minutes à l'examiner avec une attention dédaigneuse. Ce n'était, à proprement parler, qu'une ébauche qui ne promettait rien de bon. Rangés autour de lui, le jeune ébéniste, sa femme et Madeleine paraissaient attendre avec anxiété ce qu'il allait décider. Maurice ne dit mot; mais tout d'un coup, moins par bonté d'âme que dans l'intention de se mettre en scène, il se débarrassa de sa redingote, releva sur ses poignets les manchettes de sa chemise de batiste, et, saisissant un des outils, il attaqua résolûment le bloc de chêne rebelle à la main de Marceau. Madeleine triomphait en secret. Debout, immobiles, dans une muette contemplation, les deux artisans suivaient les progrès du travail ; tandis qu'autour de l'établi, perchés curieusement chacun sur une chaise, avec leurs blondes têtes et leurs faces de chérubins, les enfants paraissaient l'accompagnement naturel de la figure qui commençait à s'animer sous les efforts du ciseau créateur.

Quelques orages qu'on ait traversés, si dévasté que soit notre cœur, fût-il pareil au désert de Sahara, ne renfermât-il que sables arides et désolés, il est une fleur qu'on peut encore y voir dans toute sa fraîcheur et dans tout son éclat, comme épanouie de la veille. Vainement toutes les autres sont tombées flétries alentour. Pas un pétale ne manque à sa corolle ; elle rit au bout de sa tige, qu'aucun vent n'a pu déraciner. Cette fleur immortelle du cœur humain a son nom : c'est la vanité. Ainsi, à peu près mort à tout ce qui fait vivre,

Maurice jouissait avec une secrète complaisance de l'effet qu'il produisait sur son public. Sous l'aiguillon de l'amour-propre, il avait retrouvé par enchantement cette hardiesse et cette précision de ciseau qui faisaient autrefois l'orgueil du chevalier. Dégagé des étreintes du chêne, déjà l'archange vainqueur secouait ses ailes frémissantes. Au bout de quelques heures, la figure que Maurice avait prise à l'état d'ébauche apparut aussi nette, aussi pure que s'il l'eût taillée dans le marbre.

— Voilà ce que c'est! dit-il en jetant les outils et en rabattant ses manchettes; ce n'était pas plus difficile que cela.

Qu'on tâche de se représenter la joie du pauvre ménage. Les deux marmots battaient des mains; partagés entre l'admiration et la gratitude, la jeune femme et son mari s'empressaient autour de Maurice, le complimentant sur sa belle œuvre, le bénissant pour sa bonne action. Silencieuse et demi-souriante, Madeleine contemplait cette douce ivresse, qu'elle se flattait de voir passer dans l'âme de son cousin; mais lui, son travail achevé, il s'était hâté de se railler intérieurement du sot plaisir qu'il venait de goûter, et comme rien ne lui semblait plus niais que les scènes d'attendrissement, il coupa court à celle-ci en remettant sa redingote.

— Ah! monsieur, vous m'avez sauvé la vie! s'écria le jeune ouvrier avec effusion.

— J'aime à croire, monsieur, répliqua sèchement Maurice, que ce n'est de votre part qu'une façon de parler, une pure exagération; autrement, je vous aurais rendu là un fort méchant service, et ce ne serait guère la peine de m'en remercier.

A ces mots, repoussant assez rudement les deux petits drôles qui s'amusaient à lui grimper aux jambes, il sortit comme il était entré, et se retira dans sa chambre. D'où lui venait cette farouche humeur? C'est que le cœur de l'homme est un abîme d'infâmes lâchetés. Sans s'en douter, Maurice était furieux, parce qu'il n'avait plus de prétexte ni d'excuse pour ne rien faire. Les jeunes artisans restèrent consternés d'une sortie si brusque, et tout confus de n'avoir pu exprimer leur reconnaissance. Pour Madeleine, bien cruellement frappée par les dures paroles qu'elle venait d'entendre, elle se détourna pour essuyer ses pleurs. Cependant elle se dit que cette journée renfermait peut-être le germe de l'avenir.

En effet, comme elle l'avait espéré, à partir de ce jour, Madeleine remarqua que Maurice avait de fréquentes entrevues avec Pierre Marceau. Il se taisait en sa présence; mais à son air sérieux et préoccupé, elle voyait bien qu'il se préparait quelque chose d'étrange dans sa destinée.

Un matin, comme elle se disposait à pénétrer dans la chambre de son jeune maître, Ursule s'enfuit toute bouleversée en laissant la porte entre-bâillée. Qu'avait-elle vu? que se passait-il de si extraordinaire dans la mansarde de Maurice? Elle courut à Madeleine, et se jeta sur elle en l'inondant de pleurs et de baisers.

— Venez, venez, ma chère demoiselle!

Et sans plus d'explication, elle prit Madeleine par la main et la conduisit à pas de loup vers l'appartement du jeune homme.

— Ne faites pas de bruit, dit-elle, et regardez.

La jeune fille retint son haleine et regarda par la porte entr'ouverte ; et, quand elle eut bien regardé, elle tomba tout en larmes entre les bras d'Ursule, et ces deux bonnes créatures se tinrent longtemps embrassées.

À son tour, qu'avait vu Madeleine? le plus beau spectacle qu'elle pût contempler : debout, penché sur un établi, Maurice en blouse et travaillant.

## XI

Le moment était propice pour faire de la sculpture en bois. Depuis longtemps négligée, à peu près perdue, cette branche de l'art venait de refleurir au souffle capricieux de la mode. Qu'on s'en souvienne, nous étions alors en plein moyen âge. La littérature s'était faite gothique pour se rajeunir. Le goût dominant dans la poésie avait envahi tous les arts du dessin. Peinture, statuaire, architecture, ne relevaient que du moyen âge. Par un entraînement naturel, les ameublements avaient suivi la même pente. On commença par dévaliser bon nombre de châteaux de province pour satisfaire l'engouement parisien; puis, quand les bahuts, les dressoirs, les crédences, les fauteuils sculptés, armoriés, manquèrent sur la place, quand le vrai moyen âge fit défaut, force fut bien de créer un moyen âge de toutes pièces. Le noyer, le chêne, le poirier, façonnés par des mains habiles, dupèrent heureusement plus d'un connaisseur, et cette ruse innocente enrichit quelques artistes privilégiés. Par l'entremise de Pierre Marceau, Maurice se trouva chargé presque aussitôt de travaux assez importants; il put, en peu de mois, sinon répandre autour de lui l'aisance et le bien-être, du moins se mettre à l'abri du besoin avec les deux créatures qui s'étaient confiées à sa garde. C'était la pauvreté, mais cette pauvreté laborieuse qui ne doit rien à personne, sans remords de la veille et sans souci du lendemain, préférable cent fois au luxe factice et tourmenté au sein duquel Maurice avait vécu. Il est vrai que ce jeune homme ne paraissait ni bien touché ni bien convaincu des avantages de sa nouvelle condition. Il acceptait sa destinée, mais en la détestant ; il travaillait, mais en maudissant le travail. Que de fois, pendant ces premiers mois, il sentit son courage faiblir et sa volonté chanceler! Que de fois, se livrant à des emportements sans nom, même en présence de sa cousine, il jeta ses outils avec colère et brisa sous ses pieds l'ouvrage qu'il avait commencé, comme s'il eût ignoré que la grâce double le prix du sacrifice, et que le plus beau dévouement veut être accompagné d'un sourire! Maurice était terrible alors. Madeleine le regardait avec tristesse; puis, lorsque le malheureux enfant, épuisé et n'en pouvant plus, tombait affaissé sur son lit, elle allait vers lui, elle essuyait la sueur de son front, heureuse s'il ne la renvoyait pas avec quelque dure parole. Ce qui l'aiguillonnait et le soutenait dans la lutte qu'il avait entreprise, c'était l'orgueil. Il tenait par-dessus tout à ne rien devoir à sa cousine. La pensée qu'elle avait vendu ses diamants et travaillé pour le soigner, cette pensée lui était à charge. Il se disait aussi que plus tôt il aurait assuré l'existence de Madeleine, plus tôt il serait quitte envers elle et libre d'en finir à son gré. Le suicide veillait à son chevet, non comme un spectre menaçant, mais comme l'ange de la délivrance.

Cependant il est une joie, ignorée de ceux à qui la vie n'a coûté que la peine de naître, et que Maurice goûta d'autant plus vivement que, ne la prévoyant pas, il n'avait pu songer à s'en défendre. Je veux parler de cette joie, puérile si l'on veut, toutefois enivrante, que l'on éprouve à tenir dans sa main le premier argent qu'on a gagné par son labeur. Non, cette joie n'est pas puérile, car elle n'est autre chose que la conscience de notre valeur personnelle. La richesse créée par notre travail n'est-elle pas la plus légitime de toutes les richesses, celle dont nous sommes le plus justement fiers? L'héritier qui compte son or est moins riche aux yeux de Dieu que l'ouvrier qui reçoit son salaire. Ces réflexions étaient loin de l'esprit de Maurice; mais lorsqu'il vit sur son établi les quelques écus que Pierre Marceau avait reçus pour lui, il les prit un à un et les examina tour à tour avec une expression de curiosité enfantine. On eût dit un avare, ou un pauvre diable qui touche de l'argent pour la première fois. Par un mouvement naïf, digne des meilleurs jours de sa jeunesse, il sortit gaiement pour porter en triomphe ces prémices à Madeleine. Il souriait, il avait vingt ans. Hélas! il n'était pas à la porte de la jeune Allemande, qu'il traitait déjà de niaiserie le contentement qu'il venait d'éprouver, de sottise le sentiment qui le poussait chez sa cousine. En moins d'une minute, tout ce beau transport s'était éteint comme un feu de chaume sous une large ondée. Ursule était dans l'antichambre. Maurice jeta froidement une poignée d'écus dans son tablier, et se retira sans mot dire.

Dans l'accomplissement d'un devoir sérieux, si dur et si pénible qu'il puisse être, Dieu a mis une satisfaction intérieure à laquelle les âmes les plus dégradées échappent difficilement. En outre, si la profession la plus ingrate a de loin en loin ses heures d'entraînement, la culture d'un art, si modeste qu'il soit, doit avoir ses moments d'enthousiasme. Tout en rongeant son frein, Maurice trouvait un charme inavoué à se sentir utile et nécessaire. En ceci, nous sommes tous un peu comme les gens en place. Au fond des importunités qui assiégent leur crédit et leur importance, il y a toujours quelque chose qui ne leur déplaît pas : l'humeur qu'ils laissent voir n'est le plus souvent qu'un déguisement qui sert à cacher le triomphe de leur vanité. D'un autre côté, Maurice en arrivait parfois à se passionner pour les figures que créait son ciseau. Les chastes images de sa jeunesse s'ébattaient autour de son établi. Il se voyait près de son père, travaillant dans l'atelier de Valtravers ; le portrait du bon chevalier paraissait lui sourire et l'encourager. Bref, à part les accès de fureur que je viens d'indiquer, et qui devenaient de moins en moins fréquents, au bout de quelques mois, quand le soir approchait, Maurice s'étonnait de la fuite du temps et de la paix qu'il avait goûtée. Le travail porte avec lui sa récompense. Il nous isole du monde et de nous-mêmes. Lui dût-on seulement cette sérénité qui couronne à coup sûr toute journée bien remplie, il faudrait encore le bénir et l'aimer.

Malheureusement ces saines influences n'avaient guère le temps de fructifier dans l'esprit de Maurice, qui, sa journée achevée, dissipait au dehors le profit moral qu'à son insu il en avait retiré. Trop supérieur, c'était son opinion, pour pouvoir s'assujettir à une existence bourgeoise et régulière, il avait déclaré nettement qu'il entendait vivre à sa guise. Entre nous, il était peu curieux de passer bail avec la cuisine d'Ursule; prendre ses repas tête à tête avec Madeleine ne lui souriait pas davantage. Enfin, comme tous les êtres faibles, Maurice tenait à bien établir qu'il ne relevait que de sa volonté. Le matin, il déjeunait frugalement dans sa chambre; le soir, quand six heures sonnaient aux horloges du voisinage, il quittait sa blouse, s'habillait et sortait, le plus souvent sans avoir vu sa cousine de tout le jour. Il pensait ne lui rien de-

voir dès qu'il avait pourvu à ses besoins. Il
sortait assez calme, la tête reposée, le sang
rafraîchi par le travail, le silence et la solitude. Il éprouvait d'abord une sorte d'ivresse
à se sentir hors de sa mansarde, perdu dans la
foule, libre sur le pavé. Cependant où aller?
Il avait rompu violemment avec son passé. Pas
un ami ne lui restait; disons mieux, dans le
monde où s'était flétrie sa jeunesse, on a des
compagnons, jamais d'amis. Il marchait au hasard; presque toujours un charme fatal le
poussait vers les parages où il avait sombré.

Pâle, morne, rasant les murs, pareil au naufragé errant sur une grève et regardant d'un
œil jaloux les navires se jouer sur les flots qui
ont englouti sa fortune, il traversait d'un air
sombre cette fête éternelle qui ne prend jamais le deuil de ses victimes, d'où les plus
jeunes, les plus beaux et les plus brillants
disparaissent sans laisser derrière eux ni vide
ni regret, pas même le sillon lumineux de
l'étoile qui file. Un instant assoupies, les mauvaises passions se réveillaient et grondaient

dans son sein. Sur ces boulevards inondés de lumière, au milieu des enchantements qui en font l'orgueil de Paris et l'une des merveilles du monde, dans ces contre-allées qui l'avaient vu tant de fois lui-même promenant son élégante oisiveté, Maurice songeait à la rue de Babylone, à sa mansarde, à son établi ; des pleurs de rage roulaient sur ses joues. Irrité, fiévreux, misérable, il revenait comme une bête fauve blessée de mille traits. De retour au logis, avant de se retirer dans sa chambre, il manquait rarement d'entrer chez Madeleine, qui, je l'ai déjà dit, avait l'habitude de prolonger sa veillée, en compagnie d'Ursule, bien avant dans la nuit. Il ne faudrait pas croire qu'en ceci Maurice cédât à un mouvement de sollicitude, ou qu'il se préoccupât d'un devoir de simple politesse. Le malheureux n'obéissait qu'au lâche besoin d'exhaler sa colère et de se venger sur ces deux pauvres créatures du mal qu'il endurait. C'est le propre des égoïstes de vouloir, lorsqu'ils souffrent, que tout souffre autour d'eux.

Maurice trouvait infailliblement Madeleine et Ursule assises et travaillant à la lueur de la lampe, aussi sereines l'une et l'autre que si elles eussent encore été sur les bords de la Vienne, dans le salon de Valtravers. Le chapeau sur la tête et la redingote boutonnée jusqu'au menton, il entrait brusquement, le visage défait, le regard dur, la bouche dédaigneuse. Toutes deux se levaient pour le recevoir, Ursule avec une caresse, Madeleine avec un sourire. Jamais un mot blessant, jamais une question indiscrète; rien dans leur accueil qui ne respirât, au contraire, la plus adorable tendresse, comme s'il se fût agi d'un frère aimable ou d'un ami charmant. Après avoir repoussé brutalement sa sœur de lait et jeté un coup d'œil hautain sur les peintures de la jeune Allemande, il allait s'asseoir à l'extrémité de la chambre; et tandis que les deux bonnes créatures reprenaient leur ouvrage, il les observait d'un air farouche ou railleur. La placidité de ces deux figures, le calme de ce petit intérieur, l'ordre qui régnait sous cet humble toit, la grâce harmonieuse qui se révélait dans les moindres détails de ce modeste ameublement, tout cela l'exaspérait au lieu de l'apaiser. Bientôt, à propos de rien, sa bile s'épanchait en flots amers. Ordinairement taciturne, il avait alors une gaieté cruelle, agressive, implacable; morne et silencieux d'habitude, il devenait spirituel, ingénieux, éloquent au besoin, dès qu'il s'agissait de torturer le cœur de sa cousine. Ce qui ressortait le plus clairement de ses discours, c'est qu'il avait de Madeleine et d'Ursule par-dessus les yeux. Madeleine n'opposait à tout ce qu'il disait qu'une douce raison, une inaltérable bonté; mais Ursule savait ce que cette enfant répandait de larmes après que son cousin était parti.

Les outrages devaient aller plus loin. Maurice appartenait à cette école de jeunes roués, Lovelace de coulisses, don Juan de bas étage, qui, parce qu'ils ont niaisement mangé leur patrimoine avec quelques filles perdues, croient connaître les femmes et se font gloire de les mépriser. Pour deux ou trois bacchantes éreintées et flétries qu'ils auront traînées en carrosse, ces petits messieurs parlent de la moitié du genre humain avec une telle irrévérence, qu'on est tenté de leur demander, en les écoutant, quel métier font leurs sœurs, et de quels flancs ils sont sortis. Bien qu'il ne trouvât sa cousine ni belle ni désirable, Maurice avait fini par découvrir qu'il jouait auprès d'elle le rôle d'un sot. A défaut de ses sens que cette chaste et blanche beauté laissait parfaitement tranquilles, l'amour-propre et la vanité lui montaient au cerveau en fumées grossières. Était-il naturel qu'un jeune homme qui n'avait pas trente ans vécût fraternellement avec une jeune fille qui en avait vingt-trois au plus, porte à porte, sous le même toit? Qu'en penseraient ses anciens compagnons? qu'en devait penser Madeleine elle-même? car, dans la tendresse qu'elle lui témoignait, Maurice n'hésitait pas à voir un encouragement. Cependant, toutes les fois qu'il allait vers elle avec l'intention de changer une position qui lui paraissait ridicule, saisi d'un vague sentiment de respect qu'il ne s'expliquait pas d'abord et qui le révoltait ensuite, il se retirait sans avoir osé seulement lui prendre la main.

Sorti dès le matin, un jour que l'ouvrage manquait, Maurice avait erré jusqu'au soir sous un de ces soleils brûlants qui font fermenter la vase des marais et la fange des passions impures. Il dîna, aux alentours de l'ancien Théâtre-Italien, dans une espèce de taverne d'un aspect louche et malhonnête. Assis au fond d'une pièce obscure, sous le bec d'un quinquet huileux, il mangea peu et vida coup sur coup une bouteille d'un de ces vins mêlés d'alcool qui n'ont jamais payé de droits d'entrée à la barrière. Il y avait loin de ce repas à ceux que faisait autrefois Maurice en compagnie joyeuse, dans les salons du Café de Paris, quand sa voiture attendait à la porte et son groom au pied du perron. Accoudé sur la nappe, le front entre ses mains, il demeura longtemps plongé dans un chaos de pensées irritantes qu'exaltaient encore les fumées de l'ivresse. La tête et les sens embrasés, il passa le reste de la soirée dans les carrefours, à suivre d'un œil fauve les évolutions des sirènes infâmes que vomissent sur les trottoirs les égouts de la vie parisienne. Lorsqu'il entra chez sa cousine, en la voyant seule dans sa chambre, il ne put se défendre d'un mouvement de joie sauvage. Légèrement indisposée depuis la veille, Ursule, cédant, quoiqu'à regret, aux sollicitations de sa maîtresse, s'était couchée, ce soir-là, de bonne heure. Madeleine lisait quand Maurice entra. Elle ferma son livre, le déposa sur la table, et fit à son cousin l'accueil accoutumé, sans paraître remarquer l'altération de ses traits, le sombre éclat de ses yeux, la pâleur enflammée de son visage. Maurice s'assit auprès d'elle, et là, d'une voix brève, ardente, saccadée, dont l'accent convenait mieux à l'injure qu'à la flatterie, il débuta, sans transition, par des compliments tellement exagérés, que la jeune fille le regarda d'abord d'un air surpris et partit à la fin d'un frais éclat de rire. Ce ne fut qu'un aiguillon de plus. Ce rire argentin et perlé, cette vive gaieté de nymphe sans défiance, poursuivie par un satyre et croyant que ce n'est qu'un jeu, achevèrent d'irriter Maurice et de le pousser à bout. Il étouffa dans son cœur un cri de rage, et se reprenant aussitôt, il parla d'amour avec l'emportement de la haine, de tendresse sur le ton du courroux, langage ténébreux que de propos étranges éclairaient parfois de sinistres lueurs. Blanche, froide, immobile, pareille à la Chasteté s'étonnant de voir à ses pieds les offrandes destinées aux autels de la Vénus impudique, Madeleine, tandis qu'il parlait, le contemplait d'un air à la fois si fier et si triste, qu'il vint un instant où Maurice, atterré sous le regard de sa cousine, s'arrêta court, comme s'il eût pressé entre ses bras un marbre insensible. Toujours dans la même attitude, Madeleine continuait de le regarder du même air triste et grave où rien ne trahissait l'indignation ni la colère, mélange de pitié maternelle et d'étonnement douloureux. Maurice n'y tint pas, il se leva et s'enfuit avec épouvante.

Lorsque, après quelques heures de ce sommeil de plomb qui suit l'ivresse, cet infortuné retrouva, le lendemain, à son réveil, le souvenir de ce qui s'était passé, il se sentit mourir de honte et de confusion. Non que sa conscience lui adressât les reproches qu'il méritait : depuis longtemps il l'avait habituée à une excessive indulgence; mais il ne pouvait supporter la pensée d'avoir à rougir devant Madeleine. Comment oserait-il reparaître devant elle? Il pressentait des récriminations exagérées; déjà il se voyait en butte aux rancunes implacables d'une pruderie tracassière; car, lorsque ces jeunes roués sont obligés de reconnaître la vertu chez les femmes, ils se consolent en se la représentant sous un aspect disgracieux; ils en font un épouvantail, un objet de risée. La journée tirait à sa fin, Maurice était encore en proie à ces réflexions peu réjouissantes, quand sa cousine entra chez lui. Il rougit, pâlit, se troubla; il eût voulu sentir le parquet manquer sous ses pieds et le plafond s'écrouler sur sa tête. La main tendue, le regard caressant, la bouche souriante, elle l'appela son frère, si bien qu'il put croire un instant qu'il avait rêvé la scène de la veille. Il est rare que les hommes bien nés ne gardent pas un sentiment d'affection sincère à la femme près de laquelle ils se sont fourvoyés, et qui, pouvant les humilier dans leur défaite, les a couverts avec grâce de son indulgence et de sa bonté. Notre cœur est toujours reconnaissant des petites attentions qu'on a pour notre vanité. Quoiqu'il n'en laissât rien voir, Maurice fut vivement touché de la générosité de Madeleine ; il reconnut dans son for intérieur que la vertu n'est pas nécessairement ridicule et revêche, qu'elle peut être aimable une fois par hasard.

Madeleine venait prier Maurice de dîner ce jour même avec elle. Maurice regarda le ciel, qui, depuis le matin, se fondait en eau. Sortir par un temps pareil pour aller chercher au loin un maigre repas, cette perspective n'avait rien de divertissant. D'un autre côté, son estomac se ressentait des excès de la veille. J'ai lu quelque part que ce sont les lendemains d'orgie qui ont fait les anachorètes. Enfin Maurice, qui se jugeait coupable vis-à-vis de sa cousine, n'était pas fâché de pouvoir expier ses torts à si peu de frais. A son tour, grand et généreux, il se rendit à la prière de Madeleine.

## XII

Le couvert était mis dans une petite salle à manger, tapissée d'un joli papier imitant à s'y méprendre les boiseries de chêne. Le poêle était masqué par des touffes d'asters, de dahlias, de bruyères roses ; l'unique fenêtre donnait sur les arbres du parc, dont les brises d'automne avaient déjà rouillé le feuillage. La table était un peu étroite ; le luxe du service n'eût guère effarouché les habitudes d'un quaker ou d'un chartreux ; mais sur la nappe éblouissante de blancheur et d'où s'exhalait le bon parfum du linge de ménage, tout reluisait de propreté, tout avait un air gai, honnête et charmant. En s'asseyant vis-à-vis de la jeune Allemande, qui faisait les honneurs de sa pauvreté avec une grâce que n'a pas toujours la richesse, Maurice fut obligé de convenir que cela valait, à bien prendre, l'horrible taverne où depuis quelque temps il dînait habituellement. Les mets n'étaient ni nombreux ni recherchés; avantage plus rare, ils étaient sains et exquis. On peut croire qu'Ursule y avait mis toute sa science; la bonne fille s'était surpassée. Propre, souriante, vive, le pied leste, la main légère, les manches retroussées jusqu'au coude et découvrant la rondeur d'un bras potelé, il fallait la voir rôdant autour de ses jeunes maîtres, apportant les plats, enlevant les assiettes, indiquant à Maurice les plus fins morceaux, près de tomber à la renverse toutes les fois qu'il daignait trouver quelque chose à son goût. Madeleine mangeait à peine et ne s'occupait que de son cousin, avec la sollicitude inquiète d'une jeune maîtresse heureuse et fière de servir son amant. Objet de tant de soins, Maurice ne pouvait s'empêcher d'en être touché; il se demandait avec embarras ce qu'il avait fait pour les mériter. Je dois ajouter qu'il n'était pas non plus insensible au talent et au savoir d'Ursule, dont il ne se doutait pas jusqu'ici. Une autre surprise l'attendait au dessert. Ursule s'approcha de lui avec un énorme bouquet, et se mit à réciter un petit compliment qu'elle avait appris d'avance; mais, l'émotion lui coupant la voix, elle se jeta sur son frère de lait, et lui souhaita tout uniment une bonne fête, en le couvrant de douces larmes et de gros baisers. Madeleine eut son tour ; elle tendit à Maurice sa jolie main par-dessus la table, en lui adressant quelques paroles simples et affectueuses. Cependant la nappe était couverte de crêpes et de galettes comme à Val-travers ; un flacon de vieux vin, que les deux bonnes créatures s'étaient procuré, en vue de ce grand jour, par tout un mois de privations et d'économie rigoureuse, dressait au milieu des fleurs son long col enduit de cire ; le ciel venait de s'éclaircir ; les oiseaux, avant de se coucher, chantaient dans le parc : les senteurs enivrantes de la feuillée humide entraient par la fenêtre ouverte ; enfin, près de disparaitre à l'horizon, le soleil envoyait sur la table un joyeux rayon, sous lequel étincelaient les verres comme autant de cristaux précieux. Depuis que Maurice avait quitté le toit paternel, c'était la première fois qu'on lui souhaitait sa fête. Depuis près de dix ans oublié et perdu, cet anniversaire réveilla violemment en lui les meilleurs souvenirs de sa jeunesse. Il se rappela le temps où ce jour était à Valtravers un jour de réjouissance publique. Il se vit entre la marquise et le chevalier, entouré de tous les serviteurs qui lui exprimaient naïvement leurs vœux et leur amour. A ces images, son cœur se fondit. Un frisson électrique courut de ses pieds à la racine de ses cheveux : son front pâlit et ses yeux se mouillèrent. Madeleine, qui l'observait, se leva et courut à lui, pour s'emparer de ce bon mouvement. Elle s'appuya sur son épaule, pencha sur lui sa tête virginale ; et, pareille à cette belle statue du Louvre connue sous le nom de la Polymnie, ou plutôt comme un ange gardien épiant la résurrection de l'enfant commis à sa vigilance, elle demeura quelques instants dans une attitude rêveuse et

recueillie. En songeant à ce qu'elle avait été
pour lui, à ce qu'il avait été pour elle, Maurice
sentit enfin s'amollir son âme endurcie. Cette
fois, pris au dépourvu, son orgueil, au lieu de
s'irriter, ploya le genou et s'humilia devant tant
de vertu. Pas un mot ne troubla cette scène
attendrissante. Ursule elle-même se tut. Seulement, lorsque le jeune homme, par un geste
trop brusque pour n'être pas involontaire, saisit
la main de Madeleine qu'il porta vivement à ses
lèvres, Ursule ne put retenir un de ces cris
d'adoration qui lui étaient si familiers, comme
si son frère de lait eût accompli la plus belle
action du monde. La soirée s'acheva dans la
chambre de Madeleine, à la lueur de la lampe,
au milieu de doux entretiens. Ils causèrent de
Valtravers, de la marquise, du bon chevalier;
et aussi de ce soir d'automne où, pour la première fois, ils s'étaient rencontrés, Maurice à
cheval, Madeleine, victime des scélératesses de
Pierrot, assise sur la mousse et pleurant. Ils se
plurent tous deux à remettre en scène tous les
détails de leur arrivée au château, la petite

17.

orpheline au bras du jeune cavalier et ne se doutant pas que c'était son cousin ; le cheval marchant derrière, la bride sur le cou et tondant les pousses nouvelles ; la clairière illuminée des feux du couchant, la gaieté du jeune homme quand Madeleine avait parlé du petit Maurice, la grille du parc, les tourelles du joli manoir apparaissant derrière les murs, enfin les deux vieux compagnons se levant sur le perron pour recevoir la jeune étrangère. Ils s'oubliaient à écouter tous ces souvenirs qui gazouillaient dans leur mémoire comme des oiseaux dans une volière. Chez Maurice, étonné du charme qu'il y trouvait, l'accompagnement railleur de la romance de don Juan se faisait encore entendre, mais à de rares intervalles, faible et presque aussitôt couvert par le chant. Près de se retirer, il fut obligé de s'avouer que la vie a ses bons quarts d'heure, et la pauvreté ses fêtes tout aussi bien que la fortune. Rentré chez lui, il regarda ses outils sans colère, le portrait de son père avec satisfaction ; puis il s'endormit dans une paix étrange, en se disant qu'en fin de compte c'étaient deux bonnes filles que sa cousine et sa sœur de lait. Son sommeil fut calme et profond. Réveillé dès l'aube naissante par la voix de Pierre Marceau, qui saluait le jour et priait Dieu en chantant et en travaillant, il sauta à bas de son lit et se mit résolûment à l'ouvrage.

# XIII

Croire Maurice sauvé, se réjouir et chanter victoire, se figurer qu'il ne lui reste plus qu'à tendre la main pour ressaisir la jeunesse et tous ses trésors envolés, serait s'exposer à de cruels mécomptes et méconnaître en même temps la pensée de Dieu, qui veut que l'expiation précède la réhabilitation, et ne permet pas que l'homme puisse remonter en un jour la colline sainte le long de laquelle il s'est laissé choir. Cette pente est rude à gravir, et j'en sais de plus forts que Maurice qui se sont arrêtés à mi-chemin, pâles, meurtris, brisés, mesurant d'un œil plein d'épouvante le long trajet qu'il leur restait à faire. Il est vrai que ceux-là n'avaient pas auprès d'eux un ange pour les soutenir, pour essuyer la sueur de leur visage, pour leur montrer le sentier le plus court et le moins escarpé par où les âmes déchues peuvent regagner les célestes sommets.

L'automne touchait à sa fin. Déjà novembre s'avançait, grelottant dans son manteau de frimas, ruisselant de pluies, les pieds dans la boue, le front dans la brume. Pour comprendre tout ce que cette saison amène de sombre tristesse, il faut être seul à Paris, pauvre, sans famille, obligé de sortir pour prendre ses repas, avec la perspective, au retour, de la Solitude accroupie au coin d'un foyer avare. Revenu de sa prévention contre la cuisine d'Ursule, forcé par la rigueur de l'hiver à se réconcilier avec la vie de famille, Maurice avait fini par se résigner à dîner régulièrement avec sa cousine. Déjà loin des pures émotions du soir de sa fête, il eut peine à s'accommoder de ces habitudes bourgeoises. Toutefois, quand la bise sifflait et que le givre fouettait les vitres, il ne lui déplaisait pas de pouvoir se dire que son couvert l'attendait, à deux pas, dans une salle bien tiède et bien close, où deux figures souriantes ne manquaient jamais de l'accueillir avec empressement. Pour apprécier de telles jouissances, il n'est pas besoin d'être un Grandisson.

Quoique peu somptueux, les repas se passaient encore avec assez d'entrain. Maurice y apportait en général le formidable appétit qu'il devait au travail, et qui le rendait indulgent pour l'ordonnance du service. Ursule connaissait les goûts de son jeune maître ; elle mettait sa gloire à confectionner les plats qu'il aimait. De son côté, Madeleine suppléait au luxe des mets par la grâce de son esprit. Maurice se laissait prendre difficilement à de si poétiques illusions ; pourtant, de loin en loin, il s'émerveillait de cet esprit et de cette grâce à laquelle il était resté si longtemps sans accorder la moindre attention. Ainsi, tout allait bien tant qu'on était à table. Malheureusement les soirées se traînaient avec une désespérante lenteur, non pour Ursule ou pour Madeleine, mais pour Maurice, qui ne savait à quoi les employer. Il est à remarquer que les femmes sont toujours occupées, tandis que les hommes ne font absolument rien dès qu'ils cessent de travailler sérieusement. Assises autour de la lampe, Madeleine et Ursule jouaient de l'aiguille et du crochet ; Maurice, les mains dans ses poches, se promenait autour de la chambre d'un air ennuyé. Il allait de l'une à l'autre, examinait leur ouvrage, s'asseyait, se levait, revenait s'asseoir. Même entre les plus belles intelligences, les sujets de conversation ne sont pas inépuisables ; je m'explique très-bien que les hommes aient inventé les cartes et les échecs pour se dispenser de parler quand ils sont ensemble. Depuis le jour où il était entré chez sa cousine avec l'intention de l'outrager, Maurice était devenu moins acéré dans ses discours. Il s'observait et se contenait davantage. Plus d'une fois, sur ses lèvres frémissantes, il avait retenu le trait prêt à partir. Cependant, quoi qu'il pût faire pour se dominer et se vaincre, exaspéré par l'ennui qui a aussi ses colères et ses emportements, il achevait rarement la soirée sans laisser échapper quelque parole amère ou blessante. Plus sûre de son empire, Madeleine, au lieu de courber la tête comme autrefois, répondait alors avec une douce fermeté, dans ce charmant langage que parle la raison lorsqu'elle est tempérée par la grâce et la bonté. De temps en temps, Ursule glissait son petit mot, que n'eût point désavoué la servante de Molière. Maurice commençait par s'irriter; il en venait bientôt à garder un silence boudeur; quelquefois enfin il ne pouvait s'empêcher de sourire.

Malgré l'angélique bonté, malgré les prévenances empressées de Madeleine, les soirées semblaient encore bien longues à Maurice. Souvent la conversation se brisait et se renouait avec peine. La jeune fille, pour combattre l'ennui, avait prié Maurice de lui faire la lecture; mais, à cette proposition, Maurice s'était révolté. Dans sa vie oisive et dissipée, il lui était arrivé rarement d'ouvrir un livre. Au milieu de ses folles dépenses, il s'était occupé de chevaux, d'équipages, d'ameublements; il n'avait guère songé à chercher dans la lecture un aliment pour la rêverie ou pour la réflexion. Repoussée une première fois, Madeleine ne se rebuta pas. Un soir, elle remit à son cousin un des ouvrages les plus charmants de la littérature anglaise, *le Vicaire de Wakefield*. On sait avec quelle finesse, avec quelle simplicité touchante, Goldsmith a su, dans ce livre, nous raconter toutes les joies, toutes les angoisses de la famille. Maurice, dans sa profonde ignorance, refusait avec humeur de lire les premières pages. Il demandait à sa cousine si elle le prenait pour un enfant qu'on amuse avec des contes. Madeleine insista doucement, et Maurice, plutôt par impatience que par bonté, pour se débarrasser de ces importunités, commença la lecture de cet admirable récit. Il y a dans la peinture de tous les personnages, dans la manière dont ils sont mis en scène, dans l'artifice avec lequel les moindres circonstances s'enchaînent à l'action, tant de naturel et d'entraînement, qu'il est bien difficile de quitter ce livre avant de l'avoir achevé. Maurice, malgré son dédain superbe pour ce qu'il appelait des contes de nourrice, ne put résister à l'attrait de cette épopée domestique. Déjà ses entretiens journaliers avec Madeleine avaient amoli son cœur et l'avaient préparé à recevoir et à féconder ces germes précieux. En voyant à quelles épreuves sont réservées les destinées les plus obscures, il comprit qu'il y a place pour les vertus les plus élevées, pour les plus héroïques dévouements dans les plus humbles conditions. Il acheva d'une haleine, et remercia sa cousine du plaisir qu'elle lui avait procuré. A compter de ce jour il ne se fit plus prier. Étonné du charme qu'il trouvait dans ses lectures, il admirait, sans l'avouer, la raison supérieure de Madeleine, il se laissait guider par elle et se sentait devenir meilleur. Le livre une fois fermé, ils échangeaient leurs pensées et leurs sentiments ; Ursule prenait part à la discussion, et ils arrivaient ainsi à la fin de la soirée sans avoir compté les heures.

Pierre Marceau et sa femme venaient de temps en temps passer la veillée chez Madeleine qui s'était prise d'une amitié sincère pour ce petit ménage. Dans le fond de son cœur, elle voyait en Pierre Marceau l'instrument providentiel de la réhabilitation de Maurice ; elle ne pouvait oublier que, sans lui, Maurice eût peut-être attendu bien longtemps encore l'occasion de se mettre au travail. De leur côté, les deux artisans n'oubliaient pas que c'était à l'intervention de Madeleine qu'ils avaient dû le secours de Maurice, dans une circonstance épineuse où tout leur avenir se trouvait engagé. Ils en gardaient un pieux souvenir, une reconnaissance exaltée. Bien qu'ils se fussent habitués à ses manières et qu'ils eussent fini par l'aimer, Maurice les effarouchait encore un peu ; mais ils avaient pour Madeleine un véritable culte qui touchait presque à l'adoration. Ils avaient bien vite compris que ces deux jeunes gens, qu'ils croyaient frère et sœur, n'étaient pas à leur place ; aussi, avec ce tact aimable que l'éducation ne donne pas, apportaient-ils dans leurs relations de voisinage un sentiment de respect et de déférence qui n'ôtait rien à la sincérité de leur affection.

Ils venaient quelquefois, le soir, quand les enfants étaient couchés ; de loin en loin, à la prière de Madeleine, qui aimait à les voir autour d'elle, ils amenaient les chers petits. Maurice s'était élevé d'abord contre l'intrusion des Marceau : du sang aristocratique qu'il avait dans les veines, le pauvre enfant n'avait gardé que l'instinct de l'orgueil et de l'oisiveté. Un jour, devant Madeleine, il parla d'eux avec mépris. Madeleine, qui se sentait de plus en plus forte et qui n'entendait pas raillerie là-dessus, le regarda pour la première fois avec sévérité. « Allez, lui dit-elle, vous n'êtes qu'un ingrat ! mais, lors même que ce bon Marceau ne vous eût pas frayé la voie du travail où vous êtes entré, vous devriez encore être fier de toucher la main d'un homme qui a fermé les yeux de son vieux père et qui nourrit sa femme et ses enfants. » A ce reproche trop mérité, Maurice, qui, quelques jours auparavant, eût bondi de colère, rougit et se tut.

Un soir, toute la famille était réunie. Thérèse, c'était le nom de la compagne du jeune artisan, avait apporté son ouvrage ; rangées autour de la lampe, les trois femmes travaillaient en conversant à demi-voix. Assis à quelques pas de là, Marceau les observait avec l'expression bienveillante de la force au repos. De temps en temps, Thérèse, sans interrompre sa broderie, levait vers lui ses yeux en souriant ; la figure du jeune ouvrier s'éclairait alors d'une plus douce joie. Accoudé sur la table, une main enfoncée dans ses cheveux, Maurice tourmentait de l'autre les feuillets d'un livre qu'il avait apporté, et dont le choix eût singulièrement étonné Madeleine, si elle eût pu deviner le poison qu'il renfermait. Il avait pris ce soir-là des airs d'ange révolté, triomphant dans le mal, qui préoccupaient singulièrement sa cousine. Avec la sagacité qui lui était habituelle, la jeune fille avait compris aussitôt que ce livre absorbait toute son attention. Curieuse et inquiète, elle pria Maurice de le lire. Il obéit avec empressement.

C'était un de ces romans si nombreux il y a une quinzaine d'années, et qui heureusement

deviennent plus rares de jour en jour. On y
parlait avec dédain, presque avec mépris, du
devoir et de la famille. En revanche, on y exaltait la passion en lui attribuant une mission divine. Dans ce roman, comme dans tant d'autres
publiés à cette époque, le héros, après avoir
foulé aux pieds tous les ridicules préjugés dont
se compose l'éducation, après s'être posé en
face de la société comme un Ajax insultant les
dieux, ou plutôt comme un Solon qui devait la
régénérer par l'exemple de sa vie, après avoir
soutenu contre les institutions une lutte acharnée, finissait par lâcher pied et perdre courage.
Désespérant des hommes et des choses, indigné
contre une société corrompue, qui refusait de
recevoir les lois de son orgueil et les oracles de
son génie, pour la punir, il se réfugiait dans le
suicide, comme dans le dernier, l'unique asile
qui restât ici-bas aux grands cœurs et aux belles âmes. Mais il ne voulait pas s'avouer vaincu,
il essayait encore de cacher sa défaite et son
agonie en jetant au ciel et à la terre un cri de
rage et de défi. Toutes ces belles choses, qui

ont fait l'admiration de toute une génération, étaient écrites d'un style creux, sonore et ronflant, assez pareil à ces toupies que le bon chevalier fabriquait à Nuremberg. Maurice retrouvait dans ce livre l'image fidèle des pensées qui l'avaient longtemps dévoré, et qui, bien qu'assoupies, pouvaient encore se réveiller au moindre souffle imprudent. Aussi son œil s'animait d'un feu sombre et sinistre ; sa voix prenait peu à peu un accent terrible et menaçant. Il s'était si bien identifié avec le héros dont il lisait les imprécations, qu'il croyait parler en son nom ; le génie du mal l'avait ressaisi tout entier. Madeleine l'écoutait en frissonnant, Thérèse avec un naïf étonnement, Ursule d'un air passablement goguenard, Pierre Marceau avec l'expression d'une bonhomie un peu railleuse. Quand il eut achevé, Maurice jeta le livre sur la table et regarda son auditoire d'un air de triomphe et de curiosité. Son regard paraissait les interroger.

— Quel fatras ! dit Ursule, quel ramas de folies ! Quel est ce méchant garnement qui s'avise de vouloir régenter le monde, et qui ne sait pas gouverner sa vie ?

— Monsieur, dit Pierre Marceau, c'est toujours un triste héros, celui qui ne trouve rien de mieux à faire que de se tuer. Les hommes de quelque valeur ont toujours un rôle à jouer ; il ne s'agit que de choisir un rôle à sa taille. Moi qui ne suis qu'un ouvrier, j'estime plus haut le travail de mes deux bras que toutes les grandes phrases de ce livre ennuyeux.

Thérèse confessa ingénument qu'elle n'y avait rien compris. Madeleine se taisait et applaudissait du regard aux paroles d'Ursule, de Marceau et de Thérèse. Abasourdi par l'étrange succès de sa lecture, Maurice prit son chapeau et sortit.

Toutefois, cette soirée ne fut pas perdue pour Maurice. Resté seul avec lui-même, après avoir donné cours à sa colère, après avoir qualifié comme on peut s'imaginer l'intelligence d'Ursule, de Thérèse et de Marceau, après avoir épuisé contre eux toutes les épithètes que pouvaient lui fournir le dédain et l'humiliation, il fut amené bon gré, mal gré, à reconnaître qu'ils avaient pris en main la cause du bon sens. Plus tard il retrouva chez Madeleine Marceau et sa femme. En voyant leur calme et leur bonheur, il apprit à les aimer. Les enfants eux-mêmes, qui d'abord avaient excité son impatience et son humeur, éveillèrent en lui une tendresse inattendue. Il les prit sur ses genoux, les couvrit de caresses, et entrevit, en les embrassant, toutes les joies de la famille.

Ainsi ce jeune homme remontait le flot bourbeux qui l'avait entraîné. Encore quelques efforts, il allait toucher le rivage ; il secouait la fange de ses pieds et s'élevait vers les régions sereines.

Cette existence laborieuse et retirée avait ses distractions et ses plaisirs; Maurice et Madeleine allaient quelquefois au théâtre. Un soir, ils se trouvaient à l'Opéra. On donnait *Guillaume Tell*. Maurice, dans ses jours d'éclat, n'avait jamais passé une soirée à l'Opéra sans éprouver un profond ennui. Au milieu des propos frivoles de ses compagnons de folie, c'est à peine s'il avait entrevu ce qu'il y a d'enivrant dans la musique, dans cette forme de l'imagination si vague et pourtant si riche ; jamais les accents d'une voix mélodieuse ne l'avaient transporté dans les régions idéales de la passion et de la rêverie. Maintenant, assis près de Madeleine, seul avec elle, car personne, dans la foule attentive qui les environnait, ne lui envoyait un regard ami, il écoutait le dernier chant de Rossini comme une langue nouvelle dont le sens se révélait à lui pour la première fois. Les premières mesures l'avaient délicieusement ému ; il se sentit avec étonnement pénétré d'enthousiasme et de sympathie pour ce beau poëme. Les sanglots d'Arnold, au moment où il apprend la mort de son père, réveillèrent en lui le souvenir de son père, mort sans qu'il eût pressé une dernière fois sa main défaillante. Le serment des cantons conjurés pour la commune délivrance, éveilla dans son cœur une fibre jusque-là muette, l'amour de la patrie et de la liberté. Toutes les saintes pensées se tiennent par la main : lorsque l'une d'elles s'est emparée de notre conscience, elle appelle ses sœurs d'un signe mystérieux, et leur ouvre la porte de son nouveau domaine. Maurice ne put s'empêcher de faire sur lui-même un retour triste et sévère. Il se demanda ce qu'il avait fait pour son pays, ce qu'il avait fait pour sa famille. Il échangeait avec sa cousine quelques rares paroles; mais, au son de sa voix, à son regard distrait, Madeleine comprenait bien que sa pensée n'était pas sur ses lèvres : elle craignit de le troubler et ne lui parla plus.

Ils revinrent tous deux par une nuit étoilée, s'entretenant de leurs émotions. En écoutant Madeleine, Maurice découvrait de nouvelles sources d'admiration qui lui avaient échappé. De retour au logis, dominé par l'impression profonde de la représentation, il ne quitta pas sa cousine pour s'enfermer chez lui; il ouvrit la fenêtre et demeura quelques instants à contempler le ciel, dont la sérénité était descendue dans son cœur. Puis il vint s'asseoir près de la jeune Allemande, qui, pour couronner dignement cette poétique soirée, le pria de lui lire le *Guillaume Tell* de Schiller. Il obéit avec joie. A peine eut-il lu quelques pages, sa voix, transformée comme par enchantement, prit un accent d'onction que Madeleine écoutait avec ivresse. A mesure qu'il avançait dans le récit de cette merveilleuse délivrance de tout un peuple, il semblait se transfigurer. Son front s'éclairait d'une douce lueur, son regard s'animait d'une céleste espérance. Le vieil homme s'effaçait, et Madeleine contemplait avec orgueil l'homme nouveau qu'elle avait devant elle. Cette soirée devait être féconde.

En comprenant l'étendue de ses devoirs, Maurice ne s'abusa pas sur la valeur de ses facultés, car Madeleine avait l'art de l'exciter et de le contenir tour à tour. Il ne s'exagéra donc pas l'importance du rôle qu'il avait à jouer. Assez de gens, Dieu merci ! se croient appelés à diriger le char de l'État ; Maurice eut le bon sens de ne pas en vouloir grossir le nombre. Il se tint prudemment à sa place, sentant bien qu'il n'est pas donné à tous de conduire les

affaires publiques, mais que le devoir de tous
est de s'y intéresser. A partir de ce jour, il
suivit avec une ardente sollicitude la marche
des événements, et son cœur ne fut plus fermé
à ces sentiments d'honneur et de gloire qu'autrefois il avait tant raillés.

Grâce à son travail, Maurice jouissait déjà
d'une sorte d'aisance. Madeleine, dans des
temps plus heureux, avait étudié la musique
et savait chanter avec goût. Maurice ne l'avait
pas oublié, et, comme pour remercier sa cousine des soins qu'elle lui avait prodigués, surtout pour reconnaître la patience angélique
avec laquelle elle avait supporté sa colère et sa
dureté, il lui fit présent d'un piano. Ce fut
une grande fête pour Madeleine. Ce présent
inattendu donna une vie nouvelle à leurs petites réunions de famille. Souvent Madeleine
rassemblait autour d'elle Pierre Marceau, sa
femme et ses enfants, qui l'écoutaient avec
ravissement. Maurice aussi se plaisait à l'entendre.

Un soir, il était seul avec elle. Madeleine

feuilletait un cahier placé sur le piano; c'était un recueil de mélodies de Schubert : elle choisit une des plus belles et des plus touchantes, *l'Adieu*. Ce que j'aime surtout dans ces compositions, c'est qu'elles ne supportent pas la médiocrité. Rendues fidèlement, elles nous ravissent en extase ou nous bercent dans une délicieuse rêverie ; chantées sans intelligence, avec une exactitude purement littérale, elles nous plongent dans un ennui sans fond. C'est une pierre de touche qui trompe rarement : pour émouvoir et charmer en chantant les mélodies de Schubert, savoir la musique ne suffit pas : il faut une âme de poëte. Madeleine sentait profondément ce génie divin ; elle savait rendre avec simplicité tout ce qu'elle sentait. Sa voix n'avait pas un grand volume, mais elle était d'un timbre pénétrant ; on ne pouvait l'entendre sans émotion. Elle dit *l'Adieu* avec une mélancolie si touchante, que Maurice fut attendri.

Il leva les yeux sur elle, et pour la première fois de sa vie il comprit qu'elle était belle;

non pas, je l'ai déjà dit, qu'elle offrît à la statuaire un type complet de perfection, mais son âme charmante rayonnait dans ses yeux, ses lèvres mélodieuses avaient une grâce qu'aucune parole n'aurait pu traduire. Jusqu'alors Maurice n'avait pas séparé la beauté de la volupté ; il confondait l'admiration avec le désir ; savait-il seulement ce que c'est qu'admirer? Un sens nouveau venait d'éclore en lui. Il contempla Madeleine dans une extase presque religieuse, comme un pèlerin agenouillé devant une madone.

## XIV

Ainsi se réalisait le rêve qu'avait fait la marquise quelques heures avant d'expirer : du fond de l'abîme où il était tombé, Maurice remontait peu à peu à la clarté du jour, grâce à Madeleine, qui lui tendait la main. Déjà il sentait courir dans ses cheveux le vent frais des hautes régions ; il aspirait le parfum des cimes prochaines; il entendait confusément les voix de sa jeunesse, qui chantaient en chœur son retour. On pouvait déjà voir sur son visage le signe glorieux de la réhabilitation. Ses traits, si longtemps tourmentés et flétris avant l'âge, portaient le cachet de dignité qu'imprime infailliblement le travail sur le front des hommes de courage et de bonne volonté. Ternis par la débauche, ses yeux avaient repris leur limpide éclat; ses lèvres, contractées autrefois par la colère et toujours prêtes à décocher une flèche empoisonnée, maintenant détendues comme un arc au repos, n'exprimaient plus que la bienveillance. Il n'était pas jusqu'au timbre de sa voix qui ne se fût adouci; enfin, lorsqu'il marchait auprès de sa cousine, Maurice retrouvait le pas léger de ses jeunes années. Un second printemps se faisait en lui, paré peut-être de moins de grâces que ne l'avait été le premier, mais fécond en promesses plus sûres et déjà riche des trésors de l'été. Hélas! le pauvre enfant n'en était pas venu là sans efforts. Que de fois, les pieds en sang et la face baignée de sueur, il s'arrêta découragé sur le bord du chemin! Que de fois, trébuchant près du but, il se sentit glisser le long de la pente qu'il avait gravie avec tant de peine! Bien souvent, en une heure de rébellion ou de défaillance, il avait perdu le fruit de plusieurs mois de luttes et de labeurs.

Bien souvent, au moment où le bon grain commençait à germer dans son cœur, un orage terrible, impossible à prévoir, avait anéanti l'espoir de la moisson; mais Madeleine veillait sur lui. Patience angélique, sollicitude infatigable, elle le soutenait, le relevait, l'encourageait; elle ensemençait de nouveau le cœur qu'avait dévasté la tempête. Puis, agenouillée dans sa chambre, elle priait avec ferveur, car, aussi pieuse que belle, elle pensait que la créature ne peut rien sans le secours du Créateur, et que les plus nobles entreprises ne sauraient se passer d'un sourire du ciel.

Dieu, qui lit dans les cœurs, avait déjà béni sa tâche. Il vint une heure où cette âme sainte ne s'exhala plus qu'en actions de grâces. Ce Maurice que nous avons connu désabusé de tout, railleur, acerbe, impitoyable, ce Maurice n'existait plus; Madeleine avait fait de lui un homme nouveau. Si de loin en loin le vieil homme reparaissait, ce n'était qu'un pâle fantôme que la jeune fille conjurait aussitôt d'un geste ou d'un regard; si l'orageux passé se ranimait et grondait à longs intervalles, ce n'était que le bruit sourd de la foudre qui s'éloigne quand le ciel s'est rasséréné. Maurice n'avait plus de tristesse ou d'humeur qui pût tenir contre une parole de sa cousine; Ursule elle-même, qui l'avait si longtemps irrité, l'égayait et parfois lui communiquait son entrain. S'avisait-il de vouloir reprendre ses grands airs désenchantés, la brave fille, avec son gros bon sens, le ramenait à la raison par quelque saillie limousine ; au lieu de s'emporter, il se mettait à rire avec elle. Il en était arrivé à mordre avidement aux fruits de la réalité qu'il avait repoussés d'abord avec dégoût. La saveur en est âcre, et pourtant on finit par l'aimer. Il comprenait qu'il y a, dans l'accomplissement d'un devoir, si humble, si modeste qu'il soit, plus de grandeur véritable que dans cette philosophie de laquais qui consiste à nier ou à déprécier tout ce qui rehausse la nature humaine. Il comprenait aussi que la vie est douce tant qu'elle est utile, qu'à de rares exceptions près il n'y a que les égoïstes et les impuissants qui se tuent. Enfant d'un siècle impie, à défaut de la foi, il sentait, sous l'influence de son bon ange, se réveiller en lui l'espérance et la charité. Il ne croyait pas, mais il espérait, et il eût voulu croire. En attendant, il convenait volontiers avec Madeleine qu'on ne risque rien à se conduire ici-bas d'après les vérités que la religion enseigne. Le suicide ne veillait plus à son chevet ; les gens qui travaillent du matin au soir dorment la nuit et ne pensent guère à se faire sauter la cervelle. Ces fameux pistolets qui lui inspiraient jadis de si belles phrases, il les avait vendus pour donner des fleurs à sa cousine le jour de sa fête. En même temps que son cœur, son esprit s'était élevé. Il aimait les arts, il lisait les poëtes. Comme son père à Nuremberg, il avait appris à reconnaître la royauté de l'intelligence. Témoin attentif du mouvement qui se faisait alors dans les idées, il accueillait avec indulgence, quelquefois avec enthousiasme, toutes les utopies généreuses, qui n'excitaient naguère que sa colère ou son dédain. S'il gardait une haine implacable à cette démocratie basse, envieuse, hypocrite, amie du peuple, parce qu'elle est ennemie de toute supériorité; s'il détestait profondément les charlatans qui font métier de socialisme et de philanthropie, il vénérait les âmes désintéressées qui embrassent avec un dévouement sincère la cause du travail et de la pauvreté.

Il ne faudrait pas croire pourtant que Maurice n'eût plus ses mauvais jours. Maurice avait encore ses jours de désespoir et d'accablement. Parfois retombait sur lui de tout son poids le fardeau de ses fautes; parfois, le spectre de sa jeunesse flétrie lui apparaissait brusquement et le frappait d'une muette épouvante. C'est la punition des êtres qui ont mal vécu, de traîner longtemps après eux, même au sein d'une vie meilleure, l'ombre souillée de leur passé. Consterné, l'œil hagard, le malheureux voyait défiler lentement devant lui le sombre cortége de ses souvenirs; son père abandonné, le domaine de ses aïeux vendu aux enchères, la destinée de Madeleine livrée aux chances du hasard ; puis venait à son tour, comme une prostituée, l'image des dernières années qu'avait dévorées la débauche. Écrasé sous son propre mépris, trop orgueilleux pour demander aux effusions du repentir l'allégement de sa conscience, Maurice, s'enfermait alors dans un silence farouche; sans jeter un cri, comme l'enfant de Lacédémone, il se laissait ronger le sein. Mais Madeleine était toujours là, inquiète, vigilante, ne le perdant jamais de vue, épiant tous les mouvements de son âme. Mieux que Maurice, elle savait ce qui se passait en lui. C'était en ces jours d'affaissement et de mélancolie taciturne qu'elle redoublait de tendresse ingénieuse, de soins pieux et touchants. Elle avait d'adorables secrets pour détendre et pour assouplir ce cœur replié douloureusement sur lui-même, pour y creuser la source des épanchements, pour ouvrir aux flots qui l'oppressaient des issues mystérieuses. Tantôt, assise auprès de son cousin, comme une jeune mère, elle l'entretenait d'une voix douce et grave ; tandis qu'elle parlait, Maurice sentait un souffle caressant courir sur ses blessures. Tantôt elle se mettait au piano : comme Oreste aux accents de sa sœur Électre, Maurice, en l'écoutant, sentait s'apaiser ses remords. Il subissait peu à peu des influences amollissantes. Insensiblement l'émotion le gagnait. Sous le charme toujours croissant, son cœur était près de se fondre ; des larmes abondantes s'échappaient enfin de ses yeux. Les larmes sont divines ; c'est la rosée céleste qui lave nos souillures. Maurice acheva de s'y purifier.

A part ces jours qui devenaient de plus en plus rares, le temps s'écoulait en heures enchantées. Les deux années que Maurice avait engagées de si mauvaise grâce entre les mains de sa cousine étaient expirées depuis plusieurs mois ; il ne songeait guère à réclamer sa liberté. Après avoir pris goût au travail, il s'était passionné pour son art. L'ouvrage ne lui manquait pas ; par l'entremise de Pierre Marceau, qui avait pour lui une amitié, un dévouement à toute épreuve, les commandes venaient le trouver sans qu'il les sollicitât. Maurice avait dans la grande sculpture en bois presque autant de succès qu'en avait eu son père dans le bilboquet et dans le casse-noisette. De son côté, Madeleine n'en était plus réduite à peindre des écrans ou des boîtes à thé ; ses miniatures étaient recherchées, surtout dans les salons de l'aristocratie, où s'était répandu le bruit qu'un fils de famille et sa sœur, ruinés par un procès, vivaient pauvrement de leur travail, sous les toits, rue de Babylone. C'était plus qu'il n'en fallait pour occuper et intéresser un monde ennuyé qui guette avidement les occasions de se distraire. Après avoir souffert de la pauvreté, Madeleine et Maurice jouissaient enfin de l'aisance qui couronne à coup sûr les efforts de la volonté, lorsqu'elle a pour auxiliaires le sentiment de l'ordre, la simplicité des goûts, la modestie des ambitions. Ils auraient pu quitter leur mansarde et s'installer plus élégamment, chercher tout au moins deux nids moins haut perchés. Maurice y avait bien pensé. Non qu'il désirât, pour sa part, un appartement plus somptueux ; il aimait son petit logis, il avait reconnu la vérité de ces paroles, que les murs qui nous voient travailler, rêver, espérer, sont toujours les murs d'un palais. La chambrette qui l'avait vu se régénérer par le travail et la résignation était devenue pour lui comme un sanctuaire qu'il n'eût pas abandonné sans douleur ; mais ce jeune homme, autrefois si brusque et si dur, s'inquiétait du bien-être de Madeleine avec la sollicitude d'un frère. Le malheur de sa vie était de ne pouvoir lui rendre la fortune qu'elle avait perdue. Aussi lui avait-il offert à plusieurs reprises un logement plus vaste et plus commode, dans un quartier moins retiré. Madeleine avait répondu :

— Pourquoi changer notre existence, puisque nous sommes heureux ainsi ? Le bonheur a ses habitudes ; il faut se garder d'y toucher.

Nous sommes un peu près du ciel, mais nous respirons un air pur; nous habitons un quartier désert, mais nous avons un parc sous nos fenêtres; au lieu du bruit des voitures, c'est le chant des oiseaux qui nous réveille le matin. Nos chambres sont petites, mais l'hiver nous y sommes chaudement. Croyez-moi, mon ami, restons dans nos mansardes; nous serions des ingrats de les quitter.

Si Maurice insistait encore pour le repos de sa conscience, il applaudissait en secret à la raison de sa compagne. Ils continuaient de vivre comme par le passé; seulement Maurice se plaisait à embellir l'humble réduit de sa cousine, tandis que Madeleine n'avait pas de plus grande joie que d'orner le gîte de Maurice de tous les objets d'art qu'il aimait. Ces jeunes amis travaillaient l'un pour l'autre; c'est surtout ainsi que le travail est doux.

Ils vivaient dans la retraite, sans autres connaissances que les bons Marceau. Charmées de la grâce et de l'élégance de toute sa personne, quelques belles dames, dont elle avait fait le portrait, s'étaient bien efforcées d'attirer Madeleine ; la jeune fille avait su résister à ces prévenances, qui ne partaient, à vrai dire, que d'un sentiment de curiosité. Elle se tenait à l'écart ; telle était la sérénité de son esprit, que jamais Ursule et Maurice ne l'entendirent exprimer une plainte ni même un regret au souvenir du beau domaine qu'un procès lui avait enlevé. Elle parlait rarement de cette affaire malheureuse ; elle en eût parlé avec gaieté, s'il ne se fût agi du patrimoine de Maurice. En ceci, Maurice était moins résigné. Il ne pouvait penser sans remords et sans amertume à ce château où il était né, où son père était mort, qu'il avait perdu par sa faute. Souvent son cœur se tournait vers Valtravers avec tristesse. Vouloir qu'il en fût autrement serait trop exiger de la résignation humaine, ce serait aussi s'exagérer par trop les délices de la mansarde, les enchantements de la sculpture en bois. Pour Ursule, elle ne regrettait, ne désirait rien. Elle chantait les louanges de Maurice, et répétait plus haut que jamais qu'il était un ange, un ange du ciel, un ange du bon Dieu.

— Allons! allons! disait parfois Maurice avec bonhomie, tu sais bien que s'il y a un ange ici, ce n'est ni moi ni toi, grosse bête.

A ces deux derniers mots qui avaient été de tout temps la plus haute expression de l'amitié de Maurice pour sa sœur de lait, Ursule fondait en pleurs, éclatait en sanglots, elle s'écriait que Maurice était un archange. Durant la belle saison, quand ils avaient bien travaillé toute la semaine, le dimanche venu, ils prenaient tous trois leur volée vers les champs, après qu'Ursule et Madeleine avaient entendu une messe basse à l'église des Missions-Étrangères. C'étaient là leurs plus belles fêtes. Ils passaient la journée sur les coteaux, au fond des vallées, dînaient à l'aventure, et revenaient joyeux. C'est ainsi que Maurice revit avec sa belle cousine ces bois de Luciennes et de la Celle où, deux ans auparavant, il avait promené ses projets de suicide. Sous les châtaigneraies qu'il avait remplies du deuil de son âme, au bord du petit lac bordé d'aulnes et de trembles où la mort lui était apparue, il entendit la vie qui chantait dans son sein.

## XV

Cependant il arriva que ce jeune homme fut saisi d'un malaise étrange. Depuis quelque temps il éprouvait auprès de Madeleine un trouble inexpliqué. On eût pu le voir tour à tour pâlir et rougir sous un de ses regards, tressaillir au son de sa voix. Le soir, tandis qu'elle brodait, il demeurait des heures entières à la contempler en silence ; ce n'était plus l'air farouche ou railleur qu'il avait autrefois. Quand il entrait chez elle, tout son sang affluait violemment à son cœur. Si Madeleine entrait chez lui, il l'accueillait avec l'embarras et la gaucherie d'un enfant. Parfois il pleurait sans deviner la source de ses larmes. A toute heure, jusque dans son sommeil, il entendait le bruit à peine perceptible d'un travail enchanté qui se faisait en lui. Que se passait-il? Maurice en eut un jour une vague révélation.

Par l'entremise de Marceau, Maurice avait obtenu la commande d'une grande figure. Il s'agissait d'une Sainte Élisabeth de Hongrie, qu'un riche baronnet, fidèle aux traditions de sa famille demeurée catholique, destinait à décorer l'oratoire d'un de ses châteaux dans le Lancashire. Le jeune artiste avait accepté ce travail avec d'autant plus d'empressement, que sa mère avait porté le nom de cette sainte, et qu'il les confondait toutes deux dans un même sentiment de vénération. Toutefois, malgré le savoir très-réel qu'il devait aux leçons de son père, malgré la dextérité avec laquelle il maniait le ciseau, au moment d'attaquer le chêne, il se sentit saisi d'une profonde défiance. Lui, qui jusqu'alors s'était joué de toutes les difficultés avec une hardiesse, qui pouvait passer pour de la présomption, il hésitait, il n'osait entamer le bois, il s'étonnait de sa timidité, car il ne savait pas encore que la défiance de soi-même est le signe du vrai talent. Il interrogea le souvenir de toutes les figures sculptées qu'il avait vues dans les églises; aucune d'elles ne réalisait l'idéal d'une reine et d'une sainte, aucune n'avait la noblesse et la chasteté qui convenaient au personnage. Le temps pressait. Il ébaucha d'abord les draperies et les mains. L'ambition de produire enfin un ouvrage capable d'établir sa renommée et de mériter les suffrages de sa cousine soutenait son courage, et en même temps le rendait plus sévère pour lui-même. Il n'était jamais content du pli qu'il venait d'achever, il ne trouvait jamais que l'étoffe eût assez de souplesse, que le mouvement du corps eût assez de grâce. Les mains l'arrêtèrent longtemps; il s'efforça de leur donner une élégance royale. C'est ainsi que se font les chefs-d'œuvre; la foule qui les admire ne se doute pas de la peine qu'ils ont coûtée. Quand vint l'heure de commencer la tête, son hésitation redoubla. Cependant il se mit à l'œuvre, et bientôt le ciseau obéit à l'impulsion d'une pensée mystérieuse. Le front s'arrondit sans efforts, les yeux se modelèrent comme par enchantement ; doucement abrités sous l'ombre des orbites, ils exprimèrent le ravissement d'une âme en prière. Les lèvres, pleines d'indulgence et de bonté, s'entr'ouvrirent comme pour livrer passage au souffle embaumé ; les cheveux, divisés sur le front en deux bandeaux, nattés sur les joues et relevés au-dessus de l'oreille, encadrèrent l'ovale gracieux du visage. Après quelques instants d'une muette contemplation, Maurice retoucha lentement, avec une secrète complaisance, toutes les parties qui lui semblaient modelées avec une précision incomplète. Il amincit les ailes du nez, qu'il ne trouvait pas assez fines ; il adoucit la courbe des sourcils, qui ne lui paraissait pas assez majestueuse. Enfin il jeta ses outils et recula de quelques pas pour mieux juger de son ouvrage. Sur ces entrefaites, Madeleine entra et n'eut pas de peine à se reconnaître. Elle battit des mains et laissa voir une joie naïve ; tandis que Maurice, confus, embarrassé, ne savait quelle contenance tenir, et rougissait comme une jeune fille dont on vient de surprendre le premier secret. En cherchant le modèle qui devait le guider, il avait aperçu dans son cœur l'image de Madeleine ; à son insu, sans le vouloir ni même y songer, il avait rendu fidèlement les traits charmants de sa cousine. Ce fut pour lui une vive lueur, mais qui s'évanouit presque aussitôt. Que pouvait-il comprendre à ces chastes préludes de l'amour, lui qui n'avait connu jusque-là que l'ivresse grossière et les débordements de la passion? Toutefois, à partir de ce jour, le malaise qu'il éprouvait déjà ne fit que s'accroître, et la sérénité de son âme resta troublée plus profondément qu'il n'eût osé le dire ou même se l'avouer.

Cette figure de sainte Élisabeth devait amener dans sa vie un orage bien autrement effrayant, et il ne se doutait guère qu'elle allait décider de sa destinée tout entière.

Cette figure était encore dans son atelier;

on eût dit que Maurice ne pouvait se décider à s'en dessaisir. Toutes les fois qu'on s'était présenté de la part du riche baronnet, il avait trouvé quelque prétexte pour en ajourner la livraison. A l'entendre, il restait toujours quelque partie imparfaite, qui réclamait le secours du ciseau. Le fait est que l'artiste ne retouchait plus à son œuvre et qu'il se contentait, comme Pygmalion, de la regarder. Un matin, ce fut le baronnet lui-même qui se présenta en personne. Grand, mince, élancé, les yeux bleus, la peau blanche, la barbe et les cheveux blonds, c'était un homme jeune encore, qui paraissait moins âgé que Maurice, bien qu'en réalité il eût quelques années de plus. Simple et de bon goût, son costume était, des pieds à la tête, d'une élégance irréprochable. Il entra froidement, salua d'un air distrait ; puis, sans se préoccuper autrement de la présence du maître de céans, il alla droit à la Sainte Élisabeth. Il demeura quelque temps à l'examiner en silence, debout, immobile, le corps légèrement incliné, son binocle d'une main, sa canne et son chapeau de l'autre.

— On ne m'avait pas trompé, dit-il enfin sans détourner la tête et comme se parlant à lui-même; c'est l'idéal que j'avais rêvé, c'est, en effet, l'œuvre d'un grand artiste.

Cela dit, le gentleman ouvrit un petit portefeuille qu'il avait tiré de la poche de sa redingote ; il y prit une pincée de bank-notes qu'il déposa négligemment sur l'établi.

— Non, monsieur, non ! s'écria Maurice. Si vous le permettez, nous nous en tiendrons au prix convenu. Reprenez ces papiers. Aussi bien, vous feriez là, monsieur, de la générosité en pure perte ; car, si vous vouliez mettre à cette figure le prix auquel je l'estime moi-même, toute votre fortune n'y suffirait pas.

A ces mots, sir Edward (c'était le nom du gentleman) s'avisa, pour la première fois, de lever les yeux sur le sculpteur en bois. Quoique Maurice fût vêtu de sa blouse, à la blancheur des mains, à la pureté des lignes du visage, à la fière attitude de ce jeune homme sur le front de qui le travail avait rétabli l'empreinte effacée de sa race, le baronnet comprit sans efforts que ce n'était pas là un ouvrier ordinaire. Il le comprit d'autant plus facilement, qu'il se distinguait lui-même, par l'élévation de ses facultés, de la foule des riches. Un peu confus, un peu troublé, il ne voulut pas se retirer avant de s'être fait pardonner son entrée par trop britannique. Assis familièrement sur le bord de la couchette qui servait à la fois de lit et de divan, il entretint Maurice avec une grâce bien rare chez les fils d'Albion. Il lui parla de son art avec goût, en homme qui l'aimait et savait l'apprécier. Réservé d'abord, froid et silencieux, le jeune artiste se laissa gagner peu à peu par l'exquise simplicité de ce langage et de ces manières. Dans cette petite chambre, près de cet établi, au milieu des blocs de chêne et des éclats de bois qui jonchaient le parquet, ils causèrent tous deux comme dans un salon. Par un calcul involontaire de vanité, tandis que l'un s'efforçait de prouver qu'il n'avait pas toujours vécu du travail de ses mains et qu'il n'était étranger à aucune des élégances de sa vie opulente, l'autre s'évertuait à montrer que, malgré sa richesse, il sentait toute la valeur du travail et de l'intelligence. Ils abordèrent ainsi de graves sujets d'entretien. En écoutant Maurice, sir Edward ne tarda pas à sentir que décidément il avait affaire à un de ses pairs. En écoutant sir Edward, Maurice reconnut que la pauvreté n'a pas le privilége de la sagesse, et que toutes les conditions de la vie, depuis la plus élevée jusqu'à la plus humble, ont des enseignements féconds pour les âmes qui savent en profiter. Revenant à la figure de la sainte duchesse de Thuringe, le baronnet raconta que sa mère avait porté le doux nom d'Élisabeth pendant le peu de jours qu'elle avait passés sur la terre. Maurice, à son tour, dit que sa mère, morte jeune, elle aussi, s'était appelée du même nom, et cette coïncidence, si peu importante qu'elle fût, établit entre eux une sorte de sympathie. Bref, au bout de deux heures, ils se séparèrent contents l'un de l'autre et déjà presque amis.

Ce commencement d'intimité ne devait pas en rester là. Riche sans morgue, grave sans roideur, expansif, affectueux, spirituel au besoin, sir Edward était un de ces Anglais comme on en rencontre quelquefois lorsqu'on est né sous une heureuse étoile. Il passait généralement pour original ; il l'était en effet. Esprit élevé, caractère loyal, cœur généreux et chevaleresque, nature prompte au dévouement, il avait surtout au plus haut point le sentiment qui porte les âmes délicates à dissimuler les avantages que leur a prodigués le hasard de la naissance, et qu'on pourrait appeler la pudeur de la richesse. Plus heureux, plus fort que Maurice, il avait traversé les orages de la jeunesse sans y rien laisser de sa pureté native. Le naufrage de ses illusions ne l'avait pas détourné de sa voie. Il ne s'était pas autorisé, comme Maurice, de quelques déceptions vulgaires pour insulter à l'humanité. En apprenant à connaître les hommes, il ne s'était cru obligé ni à les haïr ni à les mépriser. Avec l'expérience d'un sage, c'était l'enthousiasme d'un poëte, la candeur et la naïveté d'un enfant. Il réunissait, par un rare privilége, deux facultés qui semblent malheureusement s'exclure : il savait comme ceux qui ne peuvent plus aimer, et il aimait comme ceux qui ne savent pas encore. Il avait, en outre, fécondé son intelligence par l'étude et les voyages. Doué d'un vif instinct du beau dans les arts, il honorait le talent, il professait le culte du génie. Depuis plusieurs années il passait à Paris l'hiver dans l'intimité de quelques artistes de choix. Le monde l'attirait peu ; on le rencontrait moins souvent dans les salons que dans les ateliers.

Il retourna fréquemment chez Maurice. Il arrivait dans l'après-midi avec de bons cigares qui n'étaient pas de la régie, s'asseyait sur le bord du lit et fumait, pendant que Maurice, debout devant son établi, fouillait, tout en causant, le noyer ou le chêne. Parfois sir Edward se levait pour donner un coup d'œil à l'ouvrage ; d'autres fois, Maurice interrompait son travail, allumait un cigare et venait s'asseoir près de lui. Ces deux jeunes gens finirent par se prendre d'une sérieuse affection l'un pour l'autre. Maurice en était arrivé insensiblement à des demi-confidences. S'il se taisait prudemment sur les désordres de sa vie passée, il parlait avec effusion de sa sœur, qui travaillait sous le même toit. Nature tendre, organisation poétique, sir Edward se plaisait aux récits de cette fraternelle existence ; mais, quoiqu'il désirât connaître cette jeune sœur, par discrétion il n'avait pas encore osé prier Maurice de le présenter, et, chose étrange ! malgré le sincère attachement qu'il avait pour lui, Maurice gardait là-dessus le silence le plus absolu, comme s'il eût pressenti qu'il s'agissait de la ruine de son bonheur. Hélas ! nul n'échappe à sa destinée. Un jour que le baronnet était chez Maurice, Madeleine entra. Maurice l'avait entretenu plus d'une fois de son nouvel ami, et la jeune fille, qui se réjouissait de voir tous les beaux sentiments refleurir un à un dans un cœur si longtemps dévasté, avait toujours encouragé l'essor de cette amitié naissante. En présence de sir Edward, Madeleine se montra ce qu'elle était naturellement ; toutefois, dans l'intention de se rendre agréable à son cousin, comme elle avait d'ailleurs compris d'un seul regard que ce jeune homme était digne de toute sa confiance, elle fit, comme on dit communément, plus de frais que n'en exigeait peut-être une première entrevue. Elle se retira au bout d'une heure, laissant sir Edward dans le ravissement.

— Vous aviez raison, monsieur, s'écria-t-il avec enthousiasme quand elle se fut retirée, vous aviez raison de me vanter le charme de votre sœur; seulement je trouve, à cette heure, que vous parliez bien froidement de tant de grâces et de séductions virginales. Jamais âme plus pure ne rayonna sur un plus doux visage. Je comprends qu'il vous soit facile de créer des chefs-d'œuvre ; la beauté du modèle explique le génie de l'artiste. Mon ami, la fortune vous a traité moins durement que je ne l'avais craint, puisqu'elle vous a laissé un trésor si précieux.

Il aurait pu parler longtemps ainsi sans courir le risque d'être interrompu. Courbé sur son établi, Maurice tourmentait une pièce de bois et ne paraissait même pas entendre ce que lui disait sir Edward. Ce même jour, pendant le dîner et le reste de la soirée, il ne fut question que du baronnet dans la chambre de Madeleine. Par l'élégante simplicité de ses manières, par les délicatesses de son langage, par l'élévation naturelle de ses idées, sir Edward avait gagné les sympathies de la jeune fille, qui ne s'en défendait pas et félicitait son cousin d'une pareille intimité. Les femmes qui nous aiment ont un merveilleux instinct pour mesurer et pour apprécier d'un coup d'œil la valeur et la sincérité des amitiés qui nous entourent. Ce n'est pas tout. Ursule, qui avait rencontré le gentleman dans l'escalier, ne tarissait pas sur sa bonne mine et refusait de croire que ce fût un Anglais. Enfin Pierre Marceau, qui passait la veillée chez Madeleine et qui connaissait depuis longtemps sir Edward pour avoir fait dans son hôtel plusieurs travaux d'ébénisterie, raconta de lui quelques traits de générosité qui parurent frapper vivement l'imagination de la jeune Allemande, tandis qu'Ursule poussait des cris d'admiration et d'attendrissement. Au milieu de ce concert de louanges, Maurice ne restait pas muet. Cependant il souffrait, sans chercher à se rendre compte du malaise qu'il éprouvait. Il souffrait sans savoir pourquoi, comme les plantes aux approches de l'orage, bien que le ciel soit pur et qu'aucun nuage apparent n'en ternisse la limpidité.

A compter de ce jour, sir Edward eut ses entrées chez Madeleine. Courtes et rares d'abord, ses visites devinrent insensiblement de plus en plus longues et fréquentes. Il venait dans la journée, souvent il revenait le soir. Madeleine le recevait avec une bienveillance empressée, et ne cherchait pas à dissimuler le charme qu'elle y trouvait. Maurice l'observait avec inquiétude ; il se surprenait parfois à les épier tous deux d'un œil jaloux. Il y avait des heures où le pauvre enfant ressentait contre son ami une sourde irritation qu'il ne s'expliquait pas. Bientôt il crut remarquer que sa cousine était plus réservée avec lui, plus expansive avec l'étranger. Il avait remarqué déjà que le baronnet ne parlait plus du voyage qu'il avait l'habitude de faire tous les ans à pareille époque. Un soir, il se hasarda à le questionner sur son prochain départ; le baronnet répondit qu'il ne partirait pas, et Maurice crut voir Madeleine le remercier par un sourire. Ce vague malaise, cette souffrance mystérieuse, finirent par prendre à la longue un caractère sérieux et alarmant. Maurice recherchait la solitude, et n'avait plus goût au travail; un mal inconnu le brisait et le consumait. Ce qu'il y avait surtout de bien bizarre en tout ceci, c'est que Madeleine, si vigilante autrefois et si clairvoyante, ne semblait pas s'apercevoir des nouveaux changements qui s'opéraient chez son cousin. On eût dit que Madeleine n'avait plus d'yeux que pour sir Edward.

Un matin qu'il était assis sur le bord de son lit, triste, abattu, fiévreux, s'interrogeant avec effroi, Maurice vit entrer le gentleman, plus grave que d'habitude. Sir Edward alla s'asseoir près de lui, et, sans ouvrir la bouche, se mit à tracer sur le parquet des ronds invisibles avec le bout de sa canne, de l'air d'un homme qui a quelque chose d'important à dire et qui ne sait par où commencer, tandis que Maurice l'examinait avec anxiété, comme s'il eût deviné que l'orage dont il subissait depuis plus d'un mois les influences, allait éclater sur sa tête.

— Maurice, dit-il enfin avec cet aimable embarras qui sied si bien à la richesse lorsqu'elle s'adresse à la pauvreté, j'aimais votre sœur avant de la connaître. En me parlant d'elle, vous m'aviez appris à l'aimer; je me plaisais à la confondre avec vous dans un même sentiment d'affection et de respect. Je l'ai connue, et ce sentiment est bientôt devenu de l'amour. Pouvait-il en être autrement? C'est vous-même que j'en fais juge; si cette aimable personne n'était pas votre sœur, auriez-vous pu la voir et ne pas l'adorer? Nobles enfants je ne sais rien de votre famille ni de vos destinées; mais je vous ai vus vivre, et cela me suffit. Par la façon dont vous avez supporté l'infortune, vous avez prouvé que vous êtes dignes de l'opulence; de mon côté, je crois avoir montré que je n'étais pas trop indigne de la pauvreté. Maurice, nous sommes amis; voulez-vous que nous soyons frères?

Plus pâle que la mort, Maurice laissa tomber une main glacée dans celle du baronnet.

— Sir Edward, répliqua-t-il d'une voix altérée qu'il s'efforça de rendre calme, les paroles que je viens d'entendre nous honorent également tous trois, croyez que j'en suis touché profondément, comme je dois l'être; mais Madeleine, mais ma sœur... sans doute, elle vous aime; vous avez son assentiment? vous avez tout au moins surpris le secret de son âme?

— Non, mon ami, non ; je ne sais pas si je suis aimé, répondit modestement sir Edward, mais je crois fermement à la force d'attraction de l'amour véritable, et je me dis que peut-être, par une tendresse persévérante, par un dévouement sans bornes, mon cœur finira par gagner la tendresse du cœur qu'il a choisi.

— Mais Madeleine, sir Edward, Madeleine sait que vous l'aimez?

— Je ne crois pas qu'elle me voie avec déplaisir ; cependant ni mes lèvres ni mes yeux ne lui ont jamais parlé de mon amour. Avant d'implorer son assentiment, j'ai cru qu'il était de mon devoir et de ma loyauté de venir d'abord solliciter le vôtre.

— C'est bien! dit Maurice en tendant à son tour la main à sir Edward. Je n'ai pas attendu jusqu'à présent pour savoir ce que vous valez : mon estime et mon amitié vous sont depuis longtemps acquises. Je consulterai Madeleine, et si vos vœux sont agréés par elle, je puis vous promettre d'avance que rien ne contrariera votre bonheur.

Le baronnet se retira le cœur rempli du plus doux espoir. S il aimait Madeleine, s'il n'avait pu voir, sans en être épris, tant de candeur et de raison, tant de grâce et de beauté, il aimait aussi Maurice d'un vive affection, et ce qui souriait surtout à ce poétique esprit, à cette âme généreuse et tendre, c'était la pensée de venger ces deux jeunes gens des injustices du sort, en leur restituant, à la face du monde, la position qu'ils avaient perdue.

## XVI

Demeuré seul, Maurice s'abîma dans un chaos de pensées si confuses et de sentiments si contraires, que l'analyste le plus subtil, le psychologue le plus consommé aurait eu de la peine à s'y reconnaître. Après avoir reconduit, par un suprême effort, sir Edward jusqu'à la rampe de l'escalier, il était rentré dans sa chambre et s'était affaissé sur son lit, comme terrassé par les paroles qu'il avait entendues. Il ne sentit d'abord qu'une horrible souffrance, sans pouvoir la nommer. Cette tourmente fut suivie d'une espèce d'anéantissement. Le tumulte de ses sens s'était apaisé; peu à peu ses perceptions se réveillèrent plus nettes et plus lucides. Bientôt son

front s'illumina d'une douce lueur, pareille
aux premières clartés de l'aube. En effet, c'était
l'aube d'une vie nouvelle. Une flamme céleste
brilla dans son regard, un sourire d'enfant qui
s'éveille entr'ouvrit ses lèvres encore pâles et
frémissantes. Il resta longtemps dans une
muette extase. Enfin son sein ému se gonfla;
tout à coup des larmes jaillirent de ses yeux,
un cri partit de sa poitrine, et, comme Lazare
ressuscité, il leva ses bras vers le ciel. En regardant au fond de son cœur, Maurice venait
d'apercevoir une fleur nouvellement éclose, il
en avait respiré le parfum, et cette fleur, c'était
l'amour. Il aimait! Ah! pour comprendre cette
ivresse, il faut l'avoir soi-même éprouvée; au
déclin d'un précoce automne, il faut avoir
senti germer dans son âme un second printemps, renaître et s'épanouir sous un souffle
divin cette fleur de l'amour qu'on croyait à jamais flétrie!

Cette ivresse fut courte; Maurice en sortit
par un brusque mouvement de colère et de désespoir. Comme un oiseau mortellement atteint

dans les plaines de l'air, il retomba lourdement sur le sol de la réalité. L'infortuné ! il aimait lorsqu'il n'était plus temps ; il arrivait trop tard aux portes de l'Éden ; il entrevoyait le bonheur au moment de lui dire un éternel adieu. Sa nature violente se ranima une dernière fois, il se répandit en imprécations jalouses contre sir Edward qui lui dérobait sa vie ; dans l'égarement de sa douleur, à peine épargna-t-il Madeleine. Il se rappelait l'attitude de sa cousine en ces derniers jours ; il la voyait, souriant au baronnet, qui la couvait des yeux, et il sentait sa poitrine déchirée par tous les serpents de l'enfer. Il n'avait pas la consolation de se dire qu'il s'abusait peut-être. Lors même qu'il n'eût pas observé ces deux jeunes gens, lors même qu'il n'eût pas suivi d'un œil inquiet le progrès de leur passion mutuelle, le vague malaise dont il avait souffert aurait dû l'éclairer déjà ; le martyre qu'il endurait à cette heure lui eût en-encore crié assez haut que Madeleine aimait sir Edward. Il marchait à grands pas dans sa chambre, quand soudain il s'arrêta, honteux de son emportement. Il descendit en lui-même, et il rougit de confusion.

— De quoi te plains-tu, misérable? s'écriat-il en baissant la tête. A peine échappé de la fange où tu as traîné ta jeunesse, tu te plains de n'être pas aimé, tu t'indignes de voir qu'on te préfère un noble cœur, une vertu sans tache, une conscience qui n'a jamais failli ! Qu'as-tu fait pour mériter cette tendresse qui te paraît aujourd'hui le bien suprême? Pendant plus de deux ans que tu as eu ce trésor sous la main, qu'as-tu fait pour t'en rendre digne? Tu l'as méconnu, tu l'as dédaigné, tu l'as foulé aux pieds, et maintenant tu te révoltes à la pensée qu'un autre le possède! Pour prix des outrages dont tu l'as abreuvée, il ne te suffit pas que l'adorable créature que Dieu avait placée sous ta garde t'ait retiré du fond de l'abîme, qu'elle ait lavé les souillures de ton âme et frayé des sentiers bénis à tes pas. Pour prix des lâches affronts que tu lui as prodigués, pour salaire de ta dureté, de ta conduite infâme, il te semble que ce ne serait pas trop de son amour. Ah! tais-toi, reste dans ton ombre, et remercie le ciel qui te fait la grâce de pouvoir aimer.

Jamais Maurice n'avait pleuré avec tant d'amertume sur les fautes de son passé; jamais, au souvenir de ses égarements, il n'avait répandu de larmes si âcres, si brûlantes; jamais le remords des jours mal employés ne l'avait pressé d'une plus vive étreinte. Il mesurait pour la première fois toute l'étendue de sa ruine; son âme venait enfin de s'ouvrir au sentiment du bonheur qu'il avait eu sous la main et qu'il n'avait pas su saisir. A cette heure, se disait-il, si j'avais toujours suivi, comme sir Edward, la ligne inflexible du devoir, je serais sous le toit de mes pères, près de Madeleine qui m'aimerait peut-être, car je serais resté digne de son amour.

Le véritable amour est humble, résigné, toujours prêt au sacrifice. Que pouvait offrir Maurice à sa cousine? Quoi qu'il pût faire, malgré son courage et sa persévérance, malgré la vogue dont jouissaient ses ouvrages, en supposant que cette vogue fût durable, il ne pourrait jamais lui donner qu'une existence chétive et bornée. En épousant sir Edward, Madeleine reprendrait dans la société le rang qui lui appartenait et qu'elle n'aurait jamais dû quitter. Si elle se sentait attirée vers lui par un sentiment d'affection, si faible qu'il fût, Maurice devait-il le contrarier? Son devoir n'était-il pas, au contraire, de l'encourager de toutes ses forces et de tout sacrifier au bonheur de Madeleine? Il n'y avait pas à hésiter; son parti fut pris sur-le-champ.

Triste et silencieux, mais sans humeur, il passa la soirée avec sa cousine, ainsi qu'il en avait l'habitude. Par un de ces contrastes assez fréquents dans toutes les intimités, la jeune Allemande était ce soir-là d'une vive gaieté; Maurice l'observait avec mélancolie, d'un air de résignation souriante. Il ne sollicita pas un mot, il ne chercha pas un regard qui pût ébranler sa résolution. Seulement, près de se retirer, il pria Madeleine de se mettre au piano et de chanter l'*Adieu*, cette mélodie de Schubert qui l'avait un soir si profondément ému. La jeune fille se prêta de bonne grâce à cette fantaisie. Jamais, en chantant, elle n'avait été si touchante. Lorsqu'elle eut fini, Maurice se leva, prit dans ses mains les mains de sa cousine, les porta respectueusement à ses lèvres, puis sortit pour décharger son cœur du fardeau qui l'oppressait.

— Vous êtes triste, monsieur Maurice! mon jeune maître, qu'avez-vous? dit Ursule en l'arrêtant dans l'antichambre.

— Ce n'est rien, ma bonne Ursule, répondit Maurice en se contenant. Tu sais que, depuis quelque temps, mes tristesses ne sont pas sérieuses. Tiens, par exemple, embrasse-moi, je suis sûr que cela me fera du bien.

Ursule sauta au cou de son frère de lait, qui la pressa dans ses bras. Une fois seul, Maurice ne se contint plus; il laissa son désespoir s'exhaler en sanglots, se répandre en ruisseaux de larmes : ce fut le dernier tribut qu'il paya à la faiblesse humaine. Le lendemain, levé au point du jour, il se pencha sur son établi, et là, pour que rien ne manquât à l'immolation de ses espérances, étouffant les cris de son âme, refoulant l'amour dans son sein, il écrivit d'une main ferme :

Madeleine, j'ai tenu ma promesse. Vous m'aviez prié de demeurer deux ans auprès de vous ; le terme marqué par vous-même est expiré depuis plusieurs mois. Vous m'aviez demandé deux ans d'abnégation et de dévouement, et c'est vous qui avez pris mon rôle. Vous avez fait pour moi bien plus que je n'ai fait pour vous. En me faisant connaître le prix du travail, la grandeur et la sainteté du devoir, vous avez presque effacé en moi la trace de mes égarements. Quel que soit l'avenir que Dieu me réserve, je n'aurai pour vous qu'un sentiment d'éternelle reconnaissance et des paroles de bénédiction ; mais je ne veux pas, je ne dois pas accepter plus longtemps le sacrifice auquel vous vous êtes résignée avec tant de courage : ce serait, de ma part un égoïsme grossier que je ne me pardonnerais jamais. Ce n'est plus de moi qu'il s'agit maintenant, c'est de vous et de votre bonheur. Sir Edward vous aime ; il est digne de votre amour. Il vous assurera le rang que vous méritez. Il a pour moi, je n'en doute pas, une affection sincère ; il se chargera d'acquitter ma dette envers vous. Adieu donc, je pars. Soyez sans inquiétude sur ma destinée. En quelque lieu que je me trouve, mon travail, vous le savez, peut suffire à tous mes besoins. Ne craignez pas que je retombe dans la nuit profonde d'où vous m'avez tiré ; une étoile mystérieuse me guidera toujours dans la voie que vous m'avez ouverte. Si mes forces faiblissaient, si le découragement venait à me ressaisir, il suffira, pour me relever, de regarder au fond de mon cœur : j'y trouverai votre image. Je vais revoir le château de mes pères, c'est une légitime réparation que je dois à la mémoire du chevalier. Je veux me montrer pur et régénéré à ces lieux qui m'ont vu flétri et dégradé. Mon père est mort loin de moi, sans presser ma main de sa main défaillante. Ce pieux pèlerinage achèvera d'apaiser le trouble de ma conscience. Ensuite, j'irai d'un pas ferme partout où Dieu me conduira. Adieu, encore une fois, Madeleine ; soyez heureuse, et, tandis que je bénirai les souvenirs des jours que nous avons passés ensemble, puisse ce souvenir ne vous être pas trop amer !

Votre frère, MAURICE.

Il plia cette lettre, traça sur l'enveloppe le doux nom qui devait désormais remplir toute sa vie, et la mit en évidence sur le marbre de la cheminée. En cet instant, il aperçut Marceau et sa femme, qui travaillaient déjà, près du berceau de leurs enfants ; il les salua d'un geste affectueux. Après avoir contemplé d'un œil d'envie, pendant quelques minutes, la paix et le bonheur de ce petit ménage, il s'occupa des préparatifs de son départ : ce fut l'affaire d'un quart d'heure au plus. Quant tout fut prêt, il serra autour de sa blouse sa ceinture de cuir, mit sur son dos le sac militaire qui renfermait toute sa fortune, saisit d'une main résolue le bâton de l'ouvrier voyageur ; puis, après avoir promené un regard attendri autour de cette petite chambre, où il était entré endurci par l'égoïsme, flétri par l'oisiveté, vieilli par la débauche, il en sortit régénéré par le travail, rajeuni par l'amour, sanctifié par le sacrifice.

## XVII.

Tant qu'il fut dans Paris, sa tristesse demeura mêlée d'une secrète irritation. Il sentait chanceler en lui la résignation généreuse qui l'avait poussé à quitter Madeleine. Il semblait qu'il y eût dans l'atmosphère de la grande ville comme un reste des funestes influences qu'il avait subies autrefois. Une fois hors de Paris, quand il sentit sa poitrine se dilater dans l'air vivifiant de la campagne, en face de la nature, sa colère s'apaisa, son cœur s'amollit, et il se laissa dominer tout entier par un sentiment unique, son amour pour Madeleine. Au temps de sa vie orageuse, qu'il prenait follement pour une vie passionnée, chaque fois qu'un de ses désirs était contrarié ou ne pouvait s'assouvir qu'après une lutte acharnée, la résistance éveillait en lui le dépit ou la haine. Il ne comprenait pas l'amour sans la possession; il eût souri de pitié si on lui eût dit que le cœur peut goûter dans l'amour un bonheur indépendant de l'objet aimé. Maintenant, seul avec lui-même, il entrevoyait la grandeur et la sainteté d'un sentiment qu'il n'avait jamais connu, dont il n'avait jamais embrassé jusque-là que l'image grossière. Il s'éloignait de Madeleine; son cœur saignait à cette séparation, et cependant il savourait sa douleur avec délices. Dans son isolement volontaire, dans l'exil auquel il se résignait, il ressentait une joie plus vive et plus profonde que dans l'ivresse de ses passions satisfaites. Il n'était pas aimé, mais il se sentait plus digne d'amour, et la conscience de sa valeur morale lui inspirait un légitime orgueil. Il n'était pas aimé, mais il s'applaudissait du sacrifice qu'il venait de faire à la femme qu'il aimait, et il trouvait, dans le sacrifice même, une joie qu'il n'était au pouvoir de personne de lui dérober. Dans son pèlerinage à Valtravers, il n'était pas guidé seulement par le désir de s'acquitter envers la mémoire de son père ; il voulait aussi revoir les lieux où il avait rencontré pour la première fois Madeleine, et bénir l'empreinte de ses pas. Il voulait respirer l'air qu'elle avait embaumé de sa présence, parcourir les sentiers où il avait entendu sa parole ; c'était pour lui une forme dernière et suprême de la reconnaissance.

Il marchait tête haute, aspirant l'air à pleins poumons. Le sentiment des beautés de la nature, assoupi depuis longtemps dans son cœur, se réveillait enfin. On touchait aux derniers jours de mai ; le soleil souriait à la terre. Toutes les ondulations des coteaux, tous les caprices du ciel, tous les accidents du paysage, étaient pour Maurice une source de joies inattendues. A voir son naïf enchantement, on eût dit qu'il assistait pour la première fois aux merveilles de la création. Les fatigues austères de ce voyage à pied étaient plus douces pour lui que toutes les promenades faites naguère dans le fond d'une calèche indolente, au galop des chevaux. Les haltes du soir dans les hôtelleries, les départs à l'aube naissante, les rencontres à la table commune, les saluts échangés sur la route, les causeries avec les enfants sur le banc de pierre devant la porte, étaient pour lui autant d'épisodes poétiques qui renouvelaient à chaque instant l'intérêt de son pèlerinage, tout en l'initiant à la pratique de l'égalité.

Enfin une dernière révolution morale devait couronner toutes les autres.

Madeleine avait réussi à ranimer le sentiment religieux dans le cœur de Maurice, mais elle l'avait toujours supplié vainement de recourir à la prière, et d'invoquer, dans sa tristesse, les divines consolations. Quoi qu'elle pût lui dire, il n'avait jamais consenti à mettre le pied dans une église. Il était réservé à la douleur de le ramener, par une pente insensible, aux croyances et au culte qu'il avait raillés jusque-là. Toute douleur sincère nous élève à Dieu : Maurice l'éprouva. En traversant un village qui se trouvait sur son chemin, il passa devant une église ; poussé par un instinct irrésistible, sans s'être consulté, sans avoir délibéré avec lui-même, il entra. C'était une de ces pauvres églises que

Dieu préfère aux temples somptueux et dorés. Le soleil y brillait doucement à travers les stores abaissés; des fleurs des champs jonchaient les marches de l'autel; çà et là, sur les dalles, quelques femmes, quelques vieillards étaient agenouillés dans l'ombre. Maurice se mit à genoux et pria. Il pria pour obtenir de son père le pardon de ses égarements, pour obtenir du ciel le bonheur de Madeleine.

Enfin, après quinze jours de marche solitaire, il traversa, sans être reconnu, la petite ville voisine de Valtravers. Son costume suffisait pour lui assurer l'incognito; d'ailleurs, à ce pas assuré, à ce regard fier et serein, au calme et à la dignité de cette noble et mâle figure, comment eût-on pu reconnaître le jeune homme qu'on se souvenait d'avoir vu, trois ans auparavant, passer comme un proscrit?

Oh! qui pourrait dire les émotions qui l'assaillirent, lorsqu'il vit, une heure après, se dérouler à l'horizon les ombrages qui avaient abrité son berceau, lorsqu'il posa le pied sur la lisière de la forêt, lorsqu'il s'enfonça dans les profondeurs mystérieuses qu'il avait si souvent parcourues entre son père et la marquise, où Madeleine lui était apparue ! En se retrouvant, plein d'amour et de vie, dans ces beaux lieux où, trois ans auparavant, il n'avait apporté que le sentiment de sa déchéance, son premier mouvement fut de crier à la nature entière qu'il était jeune, qu'il pouvait aimer, qu'il aimait ; son âme régénérée s'exalta dans une sainte ivresse. — Nature, réjouis-toi, c'est encore ton enfant ! Brises légères, comme autrefois caressez mon front ! Reconnaissez mes pas, mousses des bois, gazons des clairières ! Tressaillez d'allégresse sur mon passage, arbres que mes pères ont plantés ! — Il cheminait lentement ; les souvenirs se levaient devant lui comme l'alouette dans les sillons. A l'ombre de ce chêne, il s'était reposé auprès du chevalier ; sous le feuillage argenté de ce tremble, il s'était oublié tout un jour, écoutant les premiers murmures, comptant les premiers tressaillements de la jeunesse qui s'agitait en lui. Au détour d'une allée, il reconnut la place où, par un soir d'automne, il avait rencontré sa cousine. Il se rappela tous les détails de cette poétique soirée : il se souvint aussi qu'un an plus tard, le jour de son premier départ, il avait retrouvé Madeleine assise à cette même place.

— Ah! malheureux! quel démon te poussait? s'écria-t-il avec tristesse. Elle était là, déjà belle et charmante, comme un avertissement céleste, comme l'image du bonheur que tu allais laisser derrière toi. Que ne l'as-tu prise par la main et que n'es-tu revenu sur tes pas !

Le jour baissait. Accablé par ses émotions, Maurice s'était laissé tomber sur l'herbe. Il se leva et se dirigea vers le château. Comme il ignorait quels hôtes l'habitaient; peu curieux, on le comprend, de les voir et de les connaître, il voulait seulement, à travers les barreaux de la grille, plonger un pieux regard dans le parc, il voulait dire un dernier adieu à l'Éden d'où il était à jamais exilé.

Il longea le mur de clôture jusqu'à la grille, et demeura longtemps le front collé contre les barreaux. Machinalement il ouvrit la porte; poussé par son cœur, il entra. Le parc était désert, les ombres du soir commençaient à descendre. Maurice n'entendait que le murmure du vent dans les feuilles, quelques cris d'oiseaux qui se blottissaient dans leurs nids, le bruit du sable qui criait sous ses pieds. Rasant les massifs de verdure, il s'avançait d'un pas furtif. Au tournant de l'allée, près de découvrir la façade, il s'arrêta, retint son haleine, et pressa sa poitrine à deux mains, comme pour l'empêcher d'éclater. Enfin il regarda... Devait-il en croire ses yeux ? N'était-ce pas un rêve, un mirage, une hallucination de son cerveau surexcité ? Il voulut crier ; sa voix expira sur ses lèvres. Le bâton qu'il tenait échappa de ses doigts, ses jambes fléchirent, et, pour ne pas tomber, il fut obligé de s'appuyer contre un arbre. Là, à vingt pas, devant lui, assis sur le perron, éclairés par les dernières lueurs du soleil, tandis que deux enfants bien connus de Maurice se roulaient sur la pelouse, Madeleine, sir Edward, Pierre Marceau, sa femme, conversaient familièrement. Tout à coup Madeleine se leva, et Maurice la vit s'avancer vers lui en souriant, aussi sereine, aussi calme, que s'il se fût agi de la chose du monde la plus simple et la plus naturelle.

— Mon ami, nous vous attendions, lui dit-elle.

Et, saisissant le bras de son cousin, la jeune fille l'entraîna doucement vers le baronnet, Thérèse et Marceau, qui, de leur côté, venaient tous trois à sa rencontre. Ils serrèrent ses mains en silence; pas un mot ne fut prononcé. Tous les cœurs étaient émus; toutes les bouches étaient muettes.

— O mes amis! dit enfin Maurice, d'une voix tremblante, s'arrêtant au pied du perron et promenant autour de lui ses regards éperdus, ô mes amis! que s'est-il passé? que se passe-t-il? Parlez, répondez-moi. Ai-je rêvé la douleur et le désespoir, ou bien rêvé-je à présent le bonheur?

Les visages qui l'entouraient ne répondirent que par un affectueux sourire. Soutenu par Madeleine, il monta les degrés du perron. Déjà tous les serviteurs étaient réunis dans la salle d'entrée. Maurice les reconnaissait tous; tous l'avaient vu naître ou grandir.

— Mes enfants, leur dit Madeleine, voici votre

jeune maître qui revient au milieu de nous.

Ils l'entourèrent avec amour et respect, tandis qu'Ursule détachait avec empressement les courroies du sac qu'il avait sur le dos. Au même instant, on vint annoncer à haute voix que M. le chevalier était servi. Suivie de sir Edward et des Marceau, Madeleine le prit par la main, le conduisit dans la salle à manger où rien n'était changé, et le fit asseoir, dans son costume d'ouvrier, à la place qu'occupait autrefois son père. Bien que la table fût chargée de tout le luxe héréditaire au sein duquel Maurice avait grandi, le repas fut silencieux et court. Maurice garda jusqu'à la fin l'attitude d'un homme qui, ne sachant s'il dort ou s'il veille, craint de faire évanouir, par un geste trop brusque ou par une parole imprudente, les enchantements dont il est témoin. Au bout d'un quart d'heure, Madeleine se leva, et, quittant le groupe des convives, se dirigea vers la forêt avec son cousin qui se laissait conduire comme un enfant. Arrivée près d'un tertre vert, la jeune fille s'assit la première et fit asseoir Maurice auprès d'elle.

Il faisait une de ces belles soirées qui semblent doubler le prix du bonheur. Pendant qu'une partie du ciel était encore empourprée des feux du couchant, à l'autre bout de l'horizon la lune se levait dans un lac d'azur et montait lentement sur la cime des arbres qu'elle argentait de ses pâles rayons. Le rossignol chantait à plein gosier sous l'épaisse feuillée. Les brises de la nuit s'éveillaient; on entendait au fond des bois comme un bruit lointain de cascade.

— O mon ami, dit enfin Madeleine d'une voix plus mélodieuse que le chant du rossignol, plus fraîche que le vent de la nuit, je vous aime du jour où je vous ai vu ici pour la première fois. Vous aviez besoin, pour vous régénérer, de passer par la pauvreté, par le travail, par l'abnégation. Je l'ai compris, et j'ai voulu partager les épreuves que je vous imposais. Ces épreuves sont terminées; Maurice, me les pardonnez-vous?

Maurice sentit son âme se fondre comme un grain d'encens et s'exhaler vers Madeleine en adoration silencieuse. Il s'était agenouillé au pied du tertre où sa cousine était encore assise.

La blanche créature pencha vers lui son doux visage, et, à la clarté des cieux étoilés, leurs lèvres se rencontrèrent dans un chaste baiser.

Est-il besoin de le dire maintenant? la pauvreté de Madeleine n'était qu'un pieux mensonge. Elle n'avait pas perdu son procès. Elle avait trompé Maurice pour le sauver. Je ne veux pas raconter jour par jour ce qui se passa dans le cœur de Madeleine pendant que Maurice poursuivait l'œuvre de sa réhabilitation. C'est un récit que les âmes délicates aimeront à faire elles-mêmes; quant aux âmes vulgaires, elles ne le comprendraient pas. Le jeune chevalier venait de retrouver ses amis de Paris sous le toit de ses pères. — Ils ont été témoins de vos luttes et de vos efforts; il est juste, lui dit Madeleine, qu'ils soient présents au moment où vous recevrez la récompense que vous avez si bien méritée. Ce que sir Edward aimait surtout en moi, c'était notre pauvreté; notre bonheur le consolera.

Un mois plus tard, Maurice et Madeleine se marièrent sans bruit et sans ostentation à Neuvy-les-Bois, en présence de leurs amis, de leurs fermiers et de leurs serviteurs. Après avoir joui pendant quelques jours du spectacle de leurs douces joies, Pierre Marceau partit pour Paris avec sa femme et ses enfants. Vainement Madeleine essaya de les retenir, vainement Maurice leur offrit de rester au château, où ils trouveraient aisément l'emploi de leur activité et de leur intelligence.

—Vous avez retrouvé votre place, répondit sagement Marceau ; laissez-moi garder la mienne Malgré l'amitié qui nous unit, je sens que je gênerais votre félicité. Je ne crains rien de votre orgueil ; le travail que nous avons partagé ensemble a établi entre nous une égalité que rien ne saurait altérer ; mais le monde au milieu duquel vous allez vivre refuserait de la comprendre, et son étonnement serait pour moi un reproche muet que je veux nous épargner à tous deux.

Le petit ménage partit comblé de témoignages d'affection. Au bout d'un mois, sir Edward partit à son tour. — Veillez bien sur votre bonheur, dit-il à Maurice au moment de s'éloigner : c'est une plante délicate qui a besoin de soins vigilants. Elle a grandi sous un souffle embaumé; sachez la défendre contre les orages qui pourraient la briser. — Puis, se tournant vers Madeleine, il voulut lui adresser quelques paroles d'adieu ; mais il se troubla, ses yeux se mouillèrent, et la jeune femme sentit une larme sur sa main, qu'il pressait tristement de ses lèvres.

Ma tâche est terminée. Les existences heureuses ne se racontent pas. Maurice était désormais hors de danger, et n'avait même plus besoin de courage. Si le travail n'est plus pour lui une nécessité, cependant il ne demeure pas inactif ; il s'occupe à faire le bien, il sème autour de lui sa richesse. Madeleine est payée avec usure de son dévouement. Aucun nuage n'est venu troubler la sérénité de leur tendresse mutuelle. Pour Ursule, quoi qu'ait pu lui dire Madeleine, elle persiste à croire que sa jeune maîtresse a bien réellement perdu son procès, et que Maurice a trouvé dans la sculpture en bois le moyen de racheter le domaine de ses ancêtres. Maurice a gardé pour sa jeune femme une reconnaissance exaltée ; souvent il lui arrive de la bénir avec ivresse. —

Mon ami, lui répond-elle alors, ce n'est pas moi qu'il faut remercier : je n'ai fait que vous indiquer la voie où vous deviez marcher. C'est le travail qu'il faut bénir ; car c'est par lui que vous avez retrouvé la jeunesse, l'amour et le bonheur.

FIN

www.ingramcontent.com/pod-product-compliance
Lightning Source LLC
Chambersburg PA
CBHW070825170426
43200CB00007B/903